# 点赞

溧水第一初中校本教材（一

张仁才　主编

江苏大学出版社
JIANGSU UNIVERSITY PRESS
镇　江

图书在版编目（ＣＩＰ）数据

点赞分龙岗 / 张仁才主编 . — 镇江：江苏大学出版社，2014.11
　　ISBN 978-7-81130-851-8

　　Ⅰ . ① 点… Ⅱ . ①张… . Ⅲ . ①溧水区第一初级中学—景观设计—介绍 Ⅳ . ① G639.285.31

中国版本图书馆CIP数据核字 (2014) 第 258542 号

**点赞分龙岗**

DIAN ZAN FENLONGGANG

主　　编　张仁才
责任编辑　吴小娟
出版发行　江苏大学出版社
地　　址　江苏省镇江市梦溪园巷 30 号（邮编：212003）
电　　话　0511-84446464（传真）
网　　址　http://press.ujs.edu.cn
印　　刷　南京汇文印刷有限公司
经　　销　江苏省新华书店
开　　本　880 mm×1230 mm　1/32
印　　张　7
字　　数　170 千字
版　　次　2014 年 11 月第 1 版　　2014 年 11 月第 1 次印刷
书　　号　ISBN 978-7-81130-851-8
定　　价　23.00 元

如有印装质量问题请与本社营销部联系（电话：0511-84440882）

# 序 言

溧水虽地处世称人文渊薮之江南腹地，但因是金陵门户，兵家必争，战事频仍，时至近代，文教凋蔽。20 世纪初新学已大兴宇内，但域内尚无一所中学。

1933 年 8 月，绅士李乾一创办私立伯纯初级中学，这所学校也就算是本地中等教育的源头了。至今 80 多年过去，历史早已沧海桑田、白云苍狗，唯当年伯纯初级中学的所在地仍还是一座学校——溧水区第一初级中学。学校经过一代又一代人的辛勤耕耘，已发展成为区内学生向往、教师幸福、家长满意、社会认可的一所名校；而这一块有着很深人文积淀的土地，也成了历届校友们心中的圣地。今天，我们有幸生活和工作于其中的"一初人"，在做好日常教育、教学工作的同时，既有责任，也有义务，增添其自然美丽，挖掘其人文底蕴，发挥其育人功能，使这块古老而又永远青春的土地，永葆青春，永远美丽，永续文脉。

多年的办学实践让我们深刻地认识到，良好的校园文化可以促进教育、教学；良好的校园文化可以陶冶学生的情操，启迪学生的心智，促进学生的全面发展；良好的校园文化可以使校园生活得到丰富、活跃，使每个校园人的精神得以振奋、升华；良好的校园文化具有强大的凝聚力和吸引力，能很好地调节和激励师生员工的思想行为，很好地培养和激发师生员工的集体精神和归属意识，很好地促进师生员工的自我约束、自我管理和自我完善，促使学校的健康发展。我校独有的历史沉淀与优美的校园景观，是我们营造校园文化的一笔现成的财富。今天的校园里，你在任何一个位置，眼前都是一幅赏心悦目的风景画：树木参天，修竹滴翠；麻石阶上，苔痕点点；护坡墙上，青藤缠绕；玉兰丹桂，相映成趣；梧桐枝头，百鸟婉转……这一切是画，是诗，是美！因此，有人说我们的校园像景区，像园林，像花园。但也毋庸讳言，不少初入校的学生，以及外来人员走进校园后，看到南面一座亭子，北面几处粉墙，东面数块石刻，西面一座假山，往往把这些景观仅仅当作校园环境的几处可有可无的点缀而已；有人甚至认为学校根本没有必要把钱花在这些景观的建设上，觉得校园就只能清净简朴，这些东西有蛇足之嫌。

其实不然！

一块与本校结缘的古碑，是溧水地区学校教育起源的标志，更被誉为"中国教育第一碑"，这是怎样的一种荣耀，其承载着多少历史、文化和教育的信息！它同时又被誉为"江南第一碑"，其身上又凝聚了怎样的中国书法的精髓！一座兴废几经的凉亭，又牵连着太多太多的人文传奇，它是一门八进士的荣耀，也是刚正不阿的坚守；一方池塘，记录着学子们太多太多的回忆，它是本地许多成功人士的起跑点，也是学校发展的见证……只有真正读懂这些景观所蕴含的文化元素，真切地品味其附着的厚重底蕴，才能最大限度的发挥其育人的功能；而实现这一目标最直接有效的途径，就是编写一本解读校园文化环境建设的校本教材。

《基础教育课程改革纲要》规定："为保障和促进课程适应不同地区、学校、学生的要求，实行国家、地方和学校三级课程管理。"由此可见，校本课程开发研究将是今后我国课程改革的重点之一，这对于学校实现办学宗旨、体现办学特色、传承学校文化有着非常积极的意义。开发和编写适应学校实际和学生需要的校本教材，显得非常必要和十分迫切。因此，我们组织编写作为校本教材的《点赞分龙岗》，既切合本校教育教学的实际需求，也是对学校校园文化建设的理论总结和文化提升，更是对国家有关教育教学改革方针的现实体现和具体落实。

《点赞分龙岗》作为我校正式供学生使用的一本校本教材，是许多社会有识之士和全体编撰人员精心打造而成的。愿它早日出版，也愿全校师生读后能为它"点赞"，更愿分龙岗上文教世代兴盛，文明薪火相传，文脉绵延不断！

是为序。

李善保

2014 年 9 月 30 日

# 目 录

## 第一章 原点

### 第一节 特点

### 第二节 支点

## 第二章 景点

### 第一节 起点

# 第三章　重点

# 第四章　盘点

# 附录一

## 附录二

# 第一章 原点

原点，是现有的特点，是出发的起点，是成功的支点。

我们的校园地处分龙岗的一端，得天独厚的位置，大吉大利的地名，古色古香的风格；

我们的校园已有近百年的历史，丰富的历史积淀是我们最大的自豪、最好的资本和最有利的条件；

百年的历史，走出了众多的校友，母校之于他们是不解的情结、青春的记忆和永远的怀恋；

我们校园中，一草一木，赏心悦目的同时更育人身心；一砖一石，供人小憩的同时更塑人灵魂；一书一联，点缀景物的同时更启人心智……

这一切，都是我们的校园文化建设的原点。

校园一角

# 第一节　特点

　　特点，是现有的条件，是遵循的原则，是需要保持的风格，是必须传承的精神。

　　我们的校园，其特点首先来自于我们脚下的这一方热土，她有着吉祥的名字、别具特色的地势：背倚岗岭，南濒秦淮，高低起伏，错落有致；

　　我们的校园，其特点还来自于它有着近百年的历史。"十年树木，百年树人"。毫无疑问，近百年来，无论是她培育的"树木"，还是她哺育的"人才"，都一起将她朴素无华、淳厚诚信、笃行坚毅的特点发扬光大。

　　原有特点必须保持，时代精神必会增加，未来取向必将体现。

# 进门步步高

学校坐落在分龙岗上——

既得一"龙"字，"水不在深，有龙则灵"——校园里真有水；既沾一"岗"字，校园里自然多石阶——进门"步步高"便成了最大的特点。

每一个踏进这座校园里的人，一眼就能看到那座高高的正对着大门的石阶，它总让人肃然起敬：它一级一级垂下来，一直沿伸到你的脚下。你或许会先抬头看一看，然后再轻轻踩着它的身躯，"步步高"地走进校园的深处。

正对着大门的石阶

文化广场旁的石砌台阶

校园深处的石阶更多，办公楼到图书馆，实验室到田径场，教学楼到体操房，饭厅到宿舍，苗圃到厕所……每一条大道小径都少不了石阶。拥有许多石阶，便成了这座校园的特色之一。曾有园林建筑专家来校参观，对校园里的石阶大加赞叹。石阶使花木重重叠翠、层层掩映，不大的校园因之显得幽远深邃；石阶使校舍重檐复壁、朱廊漫回，不高的楼宇因之显得高大雄伟。

校园里有许多石阶，也给师生们的生活带来一些不便。比如自行车、摩托车不能在校园里穿梭骑行，但校园也因此总是那么斯文、宁静。

校园的石阶多用麻条石砌成，厚实稳重。麻条石呈现着青黑色的古老和深沉，这与校园的色调和氛围十分协调。在石阶上上上下下迈动的步伐，再轻快的也会稳重，再软弱的也得稳健，要不然，轻则会皮青肉肿，重则会头破骨折。这好像是石阶对不脚踏实地者的警告和处罚。校园的石阶锻炼了师生们脚下的功夫。田径之所以成为学校的传统优秀体育项目，细细想来恐怕校园的石阶也功不可没。校园的石阶也坚强了师生们的意志，因此，勤奋、刻苦、踏实、严谨，成了学校的校风。

校园的石阶，有人说它像师生们年复一年、日复一日要"爬"的课表；还有人说它像校园里默默耕耘、甘当人梯的老师；又有人说它是通向知识殿堂的阶梯，是实现理想的桥梁；更有人说它像琴键，永远弹奏着一首属于校园的歌曲……而我每次走上石阶，觉得一级级的石阶恰似叠着的一个个平常的"日"字；而就是这些平常的"日"字和日子，支撑着莘莘学子们走向"步步高"的人生。

雪后的石阶

# 红尘绿地

随着城市的不断扩大，昔日地处城东的学校今天不知不觉间竟处在了"市中心"，我们的校园也成了滚滚红尘外的一块绿色的"飞地"。

"一年之计，莫如树谷；十年之计，莫如树木；终身之计，莫如树人。"千百年来，中国的育人之地往往也是树木繁茂之所。我们学校已有近百年的历史，校园内用"触目皆绿意，入

校园鸟瞰

鼻尽芬芳"来形容也绝不为过。

学校坐落在岗上，因为所处地势较高，远远地就能看到一派葱茏的景象。任由季节更迭，校园中的建筑总是掩映在满目翠意之中，似乎世俗的喧嚣都被隔离在外了，宁静而又满蓄生机。

几十年树龄的紫花泡桐高大、繁茂，枝叶一直伸展到了办公楼的北墙上，站在那一片绿荫之下，似乎连大声说话都显得突兀。同样资深的还有樱花树，花开时节，绿坪之上、广场之侧团团粉色，如雾如烟。虽是一样的浅粉，这里的樱花却不似别处散着脂粉之气，有校园里深深浅浅的绿衬着，倒颇有几分清秀与端庄。操场上合臂而围的枫杨初夏时节挂满了串串馄饨果，树下有几条石凳，坐在浓密的树荫里，透过绿得透明的叶子看跳跃的阳光，会有一种时间停驻的恍惚。然而，时间毕竟从未有过片刻的停留。插竹亭旁的银杏树扇形的叶片，从嫩绿到浓翠，再到深绿甚至苍翠，扇着扇着就成了"黄蝴蝶"。忽然在一夜之间落成满地金黄，恰将秋意演绎到淋漓尽致，不是萧条也不是丰收，而是一种纯粹的、热烈的灿烂。此刻，捧一本书坐在树下的石凳上，无论是散文还是诗歌，都能将秋的浓墨重彩读个透彻。校园里最多的是香樟，无论你走哪一条路、去哪一栋楼，抬头总能见着香樟，从夏绿到冬，在明媚的春光里换装打扮。毫不留恋地将经冬都未变色的绿叶抖落在花圃里、大路边、跑道上，换上浅翠、嫩黄、殷红的渐变彩装。操场上的那些与笔直向上的水杉相对而立，饱满的色彩、丰腴的树冠、淡淡的香气与水杉的古朴、苍劲、挺拔相映成趣，有一种美人恰逢剑客的刚柔相济，让运动着的人拾得一份挥洒汗水之外的审美乐趣。令你意想不到的是，沿着操场的台阶上去，在教学楼前不起眼的角落里，还站着木瓜、枇杷之类的果树，待到果实成熟的季节，散发着成熟的香甜。仿古大道两侧站着的是马尾松，虽然树龄尚浅，但与生俱来的苍翠为其平添了几分深沉，倒也恰好配得上这条青石板大道的古趣。斑竹、墨竹、楠竹、白粉竹、琴丝竹……源池、插竹亭、办公楼、食堂、体育场似乎处处都有竹子的身影。"宁可食无肉，不可居无竹"，古代文人如此偏爱竹，或许是因为它自得一份读书人的风雅吧。

风雅并不是竹的专利，当腊梅枯寒的枝头绽放出精致的鹅黄，若是那粒鹅黄再将一缕脱俗的清香送至你的鼻翼，那才是风雅的极致。从最北面的教学楼一路往南走，一直到食堂，你若有心，梅香必一路相随，用百年的诗情滋润你。让你恨不得丢下手头一切的琐碎，只捧一本诗集去酬答那一缕馨香。校园里这样拨动你情怀的花儿远不止腊梅：初春的玉兰抢在所有鲜花绿叶之前在枝头傲然绽放，演绎着一种清高的气质；端午的栀子从小广场一路开到学生宿舍，在浓密的叶片间散发着独属于洁白的浓香；深秋的金桂总是在一夜之间将独特的甜香飘满校园每一个角落。清晨步入校园突然撞上满怀的桂香，忍不住会循着桂香去觅那些徐吐芬芳的枝头米粒儿，还在折与不折中徘徊未决，那熨帖心肺的甜香却已在一夜之间又无影无踪，只留下"花开堪折直须折"的喟叹。校园里还有蔷薇、迎春、紫藤、凌霄、山茶、海棠、杜鹃、白牡丹、黄菊花，它们竞相上演花情香意，用香气、用色彩，甚至用身姿、用情韵告诉你关

雪后的校园一角

于这个校园美丽的一切，从春夏到秋冬。

　　"桂馥兰芳，花明柳暗，要坐月观鱼，当来此处；谷幽林静，竹翠泉清，欲谈经说典，还向何方？"岳麓书院的这幅对联道尽环境与学问之间的关系。纵观历代书院，绝大多数都创设了优美的环境来育人。环境于人的熏陶是"润物细无声"的，校园里的紫藤架下、银杏树荫里常可以看见捧着书读的孩子，正是这样美丽的校园环境雅化了一代又一代的读书人。

# 第二节　支点

　　我们的校园终究是教书育人的场所，不是一般的公园，并非公共的绿地，更非私人的花园。

　　自然因素和条件充分地利用，前人留下的馈赠感恩地接受，历史人文的积淀深入地挖掘，此所谓因势利导；

　　所有的添加都力求锦上添花，所有的栽植都力求画龙点睛，所有的刷新都力求点石成金，此所谓顺应自然；

　　不求领异标新，唯合育人目标；坚弃时尚豪华，唯为树木树人；决不哗众取宠，唯追尽善尽美，此所谓恰到好处。

绿色的校园

# 因势 · 自然 · 贴切

溧水区第一初级中学滥觞于 1933 年的"私立伯纯初级中学",从兴办地李墓村起,带着岁月的风尘和战火的硝烟一路走来,历经艰难险阻,不断地生存发展,时至今日,岁已八十有余。

1943 年私立伯纯中学由城隍庙内
(现实验小学所在地)迁至分龙岗炎帝庙内

1955 年更名为"溧水县中学"后的校门之一

学校原处溧水城东一隅,但今已在"市中心",车水马龙,人流熙攘,商业气息浓厚。但一墙之隔的学校却能闹中取静,独善其身,与校外呈强烈反差。

学校整体地势高峻,校园自然形成三

个平台，教学区位居校园中央，突兀高耸，视野开阔。校园自然生态完整，有山有水，有亭有池，大树参天，花草繁茂，小景点缀，以少胜多。徜徉校园，所到之处、所见之景，呈匠心独运之妙，绝无生拉硬扯之嫌。究其因，皆源于自然，学校地势、学校生态、还有学校历史和溧水的地

更名为"溧水县中学"后的校门

2013年新建的学校大门

域文化。作为南京市第一批"园林式校园"，学校并未做专项创建，而是伴随校园环境文化建设的过程水到渠成，自然而得。学校尊崇历史，发掘遗存，因势而为，环境文化建设个性鲜明，自然贴切。

2004年6月，县政府决定将初中和高中分设，并将我校命名为"溧水县第一初级中学"。

2013年2月，溧水"县"改"区"，学校更名为溧水区第一初级中学。校名由原中国科学院、工程院院士，全国政协副

主席宋健题写。

## 自然人文，汇聚方寸
### ——"源"池

进入学校大门，迎面是一方形水池，塘中有假山、喷泉，水里有游鱼、睡莲，此处就是被学校师生习称的"'源'池"。此池本是天然水塘，由于地势偏高，后成"死水"，雨天水溢，天旱几竭，水位不定，难以处理。但学校对水情感笃深，弥足珍爱。2008 年校园整体改造时，学校将水塘改造成水位固定的方形水池，并在池中设置一座太湖石假山，使之山清水秀，确保了校园沉稳而不失婉约与灵秀。

"源"池与和平鸽

池壁四周有花岗岩石围栏，设有莲状喷泉五组，喷雾装置一排，太湖石假山一座，假山后面翠竹相拥，松梅点缀。尤其富有特色的是，假山前的池壁正面刻有出自王羲之、王献之、颜真卿、米芾等名家的手迹——大小不一的20多个"源"字。

命名为"'源'池"可谓寓意颇丰：学校地处溧水城中吉祥之地，插竹亭的故事在此演绎成千年佳话，稀世珍宝校官碑复立于此，溧水最早的初中诞生于此……可以说，这里是溧水的兴学之源，是溧水的教育之源，是溧水基础教育的智慧之源、人才之源。以"源"命池，以池悟"源"，隐喻了学校的一份厚重责任，一份充分自信。

"仁者乐山，智者乐水"，山因水而活，水得山而媚，山水相依是大自然最为和谐的组合，大自然之美在此显得具体而微，恰到好处。池中锦鲤往来翕忽，悠然游弋，上浮下潜，时隐时现；水雾迷蒙，每当艳阳高照，便幻化成灿烂彩虹；假山不高，然细流潺潺，显得有情有义；几丛修竹和灌木被雾水濯成一片翠绿；白鸽翔集，与人亲近，毫无生分；每至六七月的夜晚，在这里可领略到"别枝惊鹊""半夜鸣蝉""蛙声一片"的美妙意境。这是一处和谐生动的自然景观，横看侧看皆悦目，入眼入耳尽诗画。

## 铭记德政，以书求道
### ——"书"道

进入学校大门，左侧有一条"'书'道"，此道起于"'源'池"北侧，穿过教辅楼和行政楼之间的空地，绕过教学楼的后檐，直通"校官碑亭"。校官碑是中国书法史上的一块著名碑刻，所以此"'书'道"中之"书"字，首先便是由"书法"之"书"而来。

学校之所以在校园内设一"校官碑亭"，是因为此碑与本校有着特殊情缘。

校官碑为国家一级保护文物，是江苏境内唯一完整存世的汉碑，现藏于南京博物院。它的发现、辗转和保存与溧水第一初中的渊源无法分割。

校官碑原为旌表当年溧阳长潘乾兴教办学之功而设，但由于历史变迁而曾淹没千年，北宋时被发现。随后近千年来，溧水人民和溧水第一初中为保护校官碑做出了特殊贡献，这在溧水文化史和第一初中发展史上当是一件幸事和盛事。

南宋绍兴十三年（1143 年），溧水县尉喻仲远于固城湖滨发现佚失已久的校官碑，陈放于县鼓楼东厅。乾道四年(1168 年)

移于溧水县学。元至顺四年（1333年），溧水县教授单禧为该碑释字，并与南宋洪适的释文共刻于碑侧。1942年夏，溧水私立伯纯初级中学校长李乾一把校官碑搬至城隍庙，砌入五凤楼下墙内予以保存。1943年校官碑迁入火神庙。1952年，溧水县伯纯中学的黄老师和一位陈姓医生在县城方塘边发现元代单禧所刻的汉校官碑释文碑后搬至校内保存。直到20世纪50年代后期，校官碑才移至苏州博物馆收藏，后又移至南京博物院，并一直珍藏于此，成为该院镇院之宝。

校官碑是溧阳、溧水、高淳境内迄今所见教育活动的最早文字记载。其时，溧阳县包含现今溧水、溧阳、高淳地域，县名虽为"溧阳"，县衙却在今高淳固城，几经辗转，校官碑却偏偏落户于溧水。故而溧水人、溧水第一初中更有理由将之视为文化珍宝，视为教育源头，视为办学兴教、化民成俗、尚德崇文的资本和动力。

为颂扬先人办学兴教之德，传承先人为政治学之风，2009年，学校经地方政府和文物部门同意，并在南京博物院的支持下，复制校官碑。碑的高、宽、厚、材质，一应原样原貌。由于运用了现代科技，新复制的校官碑古朴雅致，形神兼备。校官碑静静立于学校东北角一个古色古香的半亭内，黛瓦粉墙，向南北两端延伸，背后墙壁刻有复建小记；碑亭前方开阔无碍，松林呼应；碑亭后面有数株古槐，静穆映衬。当地学者还对碑文中的缺字做了补校，对每句碑文做了精当注释。

"'书'道"得名首因"书法"之"书"，但又并不仅指于此，其意更在勉励学生日行此道，可悟得为学之道、成长之道。书道右侧建有两面文化墙，黛瓦粉壁，刻有康有为等近代大家或对碑刻或对汉隶的经典论述以及择自他们对校官碑石刻评价的书法作品，此可为走进校官碑亭景区的到访者们起着导引的作用。

校官碑亭建成后，学校东北角偏僻闭塞、人迹罕至的冷清面貌终成既往。校官碑亭南邻教学楼，北靠教辅楼，课余时暇，三三两两的学生在此或流连嬉戏，或品读碑文，或赏析楹联，亦能小有风雅。

## 拂去尘埃　古亭新建
### —— 插竹亭

插竹亭属于历史，也属于今天；属于溧水全区，更属于溧水第一初中。

插竹亭本是校园内的一处历史遗存，现已成为学校的标志性建筑。

北宋元祐八年（1093年），当时的文坛领袖、著名词人周邦彦贬任溧水县令，到任之初便拜访了居住于此（后来成为伯纯私立初中校址）的俞氏。俞氏乃当地望族，人才辈出，史有"一门八进士"之称。主人俞氏介绍，先祖曾于皇祐三年（1051年），"插竹护花而竹活且茂"，周邦彦听后认为此乃吉祥之兆，建议主人在后花园修亭纪念。三年后，亭建好，周邦彦亲笔题名曰"插竹亭"，并撰《插竹亭记》一文。

此后，插竹亭便成为俞氏子孙发奋苦读的场所。崇宁五年（1106年），即插竹亭建成后十年，俞氏子弟俞栗高中状元，

"插竹亭"由此成为溧水的一处胜迹——"功成名就"的象征。俞栗是溧水历史上第一个科举状元，后官至监察御使、兵部尚书，一身清廉，政绩卓越。作为溧水先贤，俞栗理应成为本校学子读书成才、报效社稷的楷模。遗憾的是，插竹亭早已湮没于时代沧桑巨变的烟尘中。

插竹亭是历史馈赠于后世的珍贵遗产，当以历史的眼光去守护，以文化的眼光去挖掘，以发展的思维去开发。2006年，学校在整治校园环境时，为再现历史、尊重传统、勖勉后学、追慕先贤、砺志成才，引领全校师生修道明伦、致知力行，学校重修了插竹亭。亭高

插竹亭

17.1米，长15.4米，宽13.4米，占地面积206平方米。亭分三层，上显下藏，上层六面通透，可小坐，可凭眺；下层三面装有精致花窗，推开木窗，满眼翠绿，空间开阔，可供接待和研讨之用。亭上匾额由著名作家、文化部前部长王蒙亲笔书写；碑文、楹联、壁画均由当代著名作家、书法家、画家撰拟、书写和绘制；亭之四周，银杏相拥，翠竹茂密。亭旁边是一组关

于周邦彦与插竹亭故事的壁画，与亭子相映生趣，自然融合。

插竹亭与此地此校存在血脉联系。六角飞檐，恢宏庄重；风鼓铜铃，典雅灵动。带着后人的景仰和守护，它终于幸运地重新站立起来，从遥远的历史走向今天，走到师生面前，与学校教育融为一体。由于紧邻文化广场，学校每周的升旗仪式及许多重要仪式都在插竹亭边举行。在此伫立，便站在了历史、现实和未来的结合点上，多了一份亲近、一份厚实。

## 呈现文化，弘扬精神
#### —— 体育小景

历史上，溧水民间体育活跃，内容丰富，影响甚广。"舞龙灯""打社火""踩高跷"等体育项目保留至今；溧水区第一初级中学是全国体育工作先进集体、青奥示范学校，"健康第一"的理念在这里深入人心。多年来，学校坚持开展"天天运动会"活动，在初一年级开设与体育活动相关的第二课堂课程，力求使每个学生都具有一两项体育专长。

无论现代体育多么激烈时尚，多么娱情悦心，说到底，体育运动就是一种生活方式，是运动技能与精神品格的结合，是体育知识与体育文化的结合。学校建造体育小景（园）就是为了引导师生在锻炼身体、增强体质的同时，弘扬体育精神，感悟体育文化。从这个意义上说，溧水区第一初级中学不吝投入建设体育小景（园），是深谙体育要义的做法。

在校园东端运动区内，在枝繁叶茂的香樟树丛中，有一组传统体育小景和景墙，占地面积 640 平方米。体育公园于 2010

体育场

年建成，有传统体育壁画墙三段共21米，高度为3米。文化墙为黛瓦粉壁，壁画为黑色大理石石刻：射术、角抵、打塇、武术、抽陀螺、蹴鞠、拔距、水秋千、五禽戏、举石、太极拳、干戚舞、角力、扛鼎、投壶、燕濯、玩石锁、放风筝等，几十幅古代体育运动图各具特色，栩栩如生。

纵观几大景观，其意蕴或厚重，或大气，或灵秀，打通了历史与现实的内在脉络，给人方向，给人自信，其文化效果远不是花花草草、标语口号、橱窗板报所能达到的。

无巧不成书，稍加推敲可知，溧水区第一初中内的四大景观分处校园的东南西北，也暗合了教育培养人的四大目标："德""智""体""美"。校官碑，"德"为主题；插竹亭，"智"成范本；体育公园，力与健的结合；"源"池，"美"不胜收。其实，它们之间并不是机械地一一对应或孤立存在，而是德智体美相互交融，你中有我，我中有他。

文化的价值在于链接过去、现在与未来。在环境文化建设上，溧水区第一初级中学尊重历史，珍视遗存，善于"拿来"，为我所用，没有愧对历史，没有让历史遗存变成文化空巢。实践证明，来自历史就是来自自然，来自自然的才是最为贴切的；

所谓贴切，就是属于"我"、属于"我们"、属于独特的"这一个"。

校园秋韵

# 第二章　景点

校园不是风景区，但是校园中也有"景点"；其景不只是自然的，更是人文的、教育的。

校园的景点散布于校园的四周，优化育人环境是它们相同的功能指归，自然人文兼顾是它们应有的现实呈现，因地制宜是它们打造的共同原则。

我们的校园，以景成点，以点连线，以线带面。当然，这里的"面"，并不是指实景的面面俱到，而是指功能的全方位、全视野，以及途径的无盲区、无死角。

我们期望每一处校园景点，都能成为我们这块土地上的人文风景；

我们期望我们的景点不光打造在时空中，更打造在学子的心灵里；

我们期望今天每一处校园景点，明天都能成为学子们人生中最美的风景。

# 第一节　起点

进入校园，这儿便是起点——

起点是空间的引导：直行可入校园深处，左顾有书道一径，右盼有插竹亭翼然……

起点是美丽的风景：一泓碧水，一座山石，山环水绕，山清水秀；又有喷泉彩虹……

起点有文化的启迪：王羲之、王献之、苏东坡、米芾、黄庭坚等，跨越时空同书一字……

起点有历史的暇思：这儿是本地基础教育的起源地，这儿是本地多少成功人士的人生起步处，这儿也将是今天和明天众多学子的起跑线……

"源"池

# 水·源

## 昔日水塘

学校所在地曰"分龙岗"。既有"龙"，岂能无"水"——整座分龙岗上唯一的水源竟难能可贵地处在学校大门口。

此水源很小，但是"水不在深，有龙则灵"，它为一代代校友留下了美好记忆。

当年一进学校大门，映入眼帘的是一方水塘。水塘的四壁用麻石块垒砌着，四周栽种着梧桐、水杉、垂柳、芙蓉、木棉、紫荆等花草树木。

水塘的南面有一座小桥，弯弯曲曲地伸向池塘的中央，与矗立在池塘中的四角小亭相连，亭子小巧玲珑，所有的构件都是琉璃制品。凉亭顶上是由琉璃瓦铺成，飞檐翘脊，五角高耸，屋脊上还卧着金龙。金黄的琉璃瓦在阳光的照映下闪闪发光。亭子由五根蟠龙柱子支撑着，一条条金龙仿佛要沿着柱子攀上亭子的顶端，向天空飞升。

亭子的正北方向栖息着一只振翅欲飞的白天鹅，长长的头颈，丰腴的身体，像一位披着白纱的仙女，她是那么的宁静深远，永远昂着美丽的脖颈，遥望着远方，仿佛在期盼着什么。

夏天一到，池塘里布满了碧翠欲滴的荷叶，像是插满了密密麻麻的翡翠伞似的，把水面盖得严严实实的。美丽的荷花顶着红扑扑的花瓣儿，好似涂了胭脂的脸蛋儿，一层叠着一层，中间托着一个嫩黄色的小莲蓬。那莲蓬黄中带白、白中泛绿，就像一个个要融化的冰淇淋，所有的颜色都混在一起，显得格外清秀、雅洁、妩媚，可爱了。游鱼悠闲地在荷叶间嬉戏，构成一幅"鱼戏莲叶间"的图画。

更为神奇的是，池塘东北角有一股山泉，无论是春夏秋冬还是阴晴雨雪，它都能汩汩地冒着泉水，也使得地处分龙岗最高处的池塘流水不断，池水清澈。

但是，昔日的水塘，注定将迎来它的新生……前几年，学校四周的农田菜地渐渐地被拔地而起的高楼所代替，周边环境的改变，使得流淌了千万年的泉水渐渐枯竭，曾经的活水塘渐渐地变成了一潭死水，发黑发臭，池中的游鱼也无法生存了。

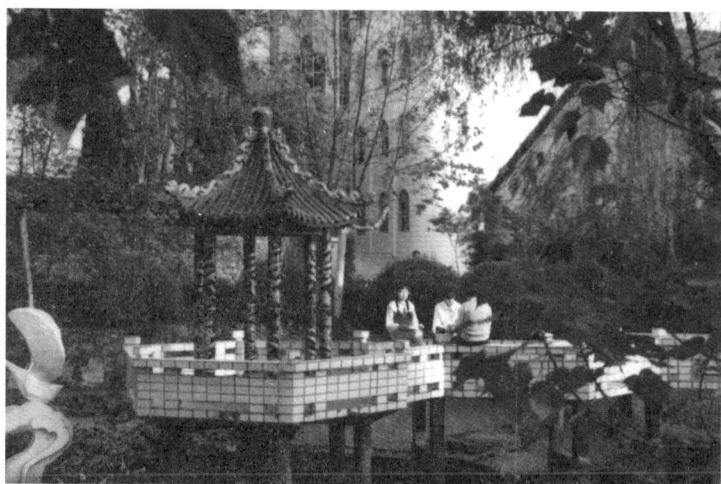

昔日水塘

枯水季节一到，池水干涸，塘底积下了厚厚的淤泥。

## 今日"'源'池"

为了留住美好的记忆，2008 年 3 月，学校将原废水塘改建为"凹"形水池。水池长 25 米，宽 23 米，占地面积 575 平方米。

池中用三只口径约 1 米的瓦盆养着睡莲，水池的中央安放着喷泉，池中碧波粼粼，夏日成群结队的锦鲤游戏于莲叶之间，夜晚则不时地传来蛙声阵阵。

"'源'池"一隅

山有水方活，水得山而媚。池塘东侧置假山一座，假山的基座用混凝土浇注成长方形花盆的形状，为防止基座下沉，在基座的下方打了 88 根直径约 15 厘米的木桩。花盆的东、南、北三面分别栽着五针松、腊梅和水竹，取"松竹梅岁寒三友"之意。花盆的正面采用阳刻、阴刻的方法，镌刻着二十四个"源"

字。之所以选择刻这个字，理由有五：一是当年的池塘是以一股长流不息的山泉为水源，刻上"源"字，可以让人们记住那段历史；二是我校的前身是私立伯纯中学，已有80多年的历史，是溧水近代教育之源；三是建校以来，从这座大门中走出了许多杰出的英才，这里是为社会培育栋梁的人才之源；四是作为教师，要想给学生一杯水，自己就该有一桶水，要不断地加强业务进修，启发老师们深刻领会"问渠哪得清如许，为有源头活水来"的真谛；五是希望学生们在校勤奋学习，走出校门后造福社会，报效国家，不忘母校的培养教育之恩，懂得"饮水思源"。镌刻的"源"字大小不一，字体各异。最中间的一个宋体"源"字字形最大，方正端庄，其用意在于启迪人们做人要正直，品行要端正。其余23个"源"都是出自古代书法家王羲之、虞世南、褚遂良、柳公权、颜真卿、欧阳询、苏轼、黄庭坚、米芾、蔡襄、赵孟頫等人之手。这些书法精品各具形态，不仅给人以美感，更引发人们对博大精深而又源远流长的中华文化的无限遐想。

花盆中央安放着一座造型奇特的假山。假山石重达83吨，与我校占地面积83亩暗合。建造时因池塘四周地质松软，吊机无法靠近池塘，最后由四台起重量为150吨的吊机从四个方位用钢缆拉住假山石的四角，将假山石"抬"到了基座上。这块假山石的造型能使人产生无限的遐想。从正面看，宛如一峰忍辱负重、任劳任怨的骆驼，也似一个放在文案上的笔架，还像少先队的队徽，又仿佛是一把熊熊燃烧的火炬。假山上还有两条"瀑布"从山间的峡谷中奔流而下，每当阳光灿烂之时，假山脚下的喷泉所喷出的水雾便能折射出一道道彩虹。假山和喷泉融为一体：水池中碧波粼粼，鱼嬉戏莲叶间；假山四周，绿水环绕，雾腾泉涌，云蒸霞蔚，松竹相拥，辉映成趣，与周围的花草树木构成了一幅生动和谐的自然画面。

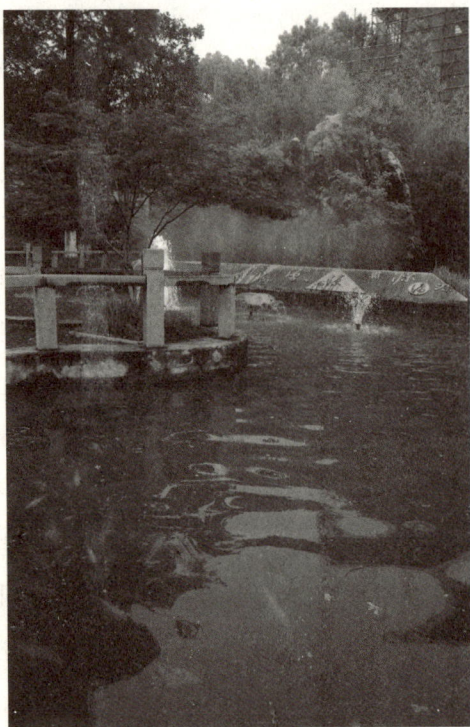

"'源'池"中的游鱼与喷泉

# 第二节　亮点

这原本是一条背阴的小道——地处两幢教学楼的北檐下，几近校园的北墙根。

这原本是学校的一个"死角"——地处校园东北角，灌木丛生，杂草蔓延。

如今，那儿成了校园中的一个亮点，茵茵的芳草簇拥着它，碎石的小径直通向它，滴翠的芭蕉掩映着它——"校官碑"。

玲珑的碑亭中，一座苍劲的古碑，见证着这方土地上绵延两千多年兴教办学的传统，见证着这座校园与这座古碑的情缘，见证着我们学校所拥有的昨天的光荣、今天的自豪和明天的梦想……

"校官碑"，岂能不成为我们校园的一个亮点！此亮点岂能不连成线，连成道，连成一条特殊的"书道"！

走在这条书道上的人们呵，又岂能不从书之道，走进艺之道，学之道和人生之道！

# 书·道

## 书道

  2008 年秋，教辅楼落成后，与老校舍相邻处形成一片不规则的荒地，这片荒地又被两条南北走向的道路分割成三块大小不同的三角形地块，因为施工，这些地块被开挖得乱七八糟，建筑垃圾一片狼藉。此时恰逢学校创建"南京市园林式校园"，计划结合校园绿化及环境整治，挖掘一些与学校有关联的文化内涵。这样我们自然想到了校官碑，因为校官碑与我校的渊源实在太深了。

  校友诸荣会老师、文化馆原馆长邱德伦先生也积极为该景点的建设出谋划策。经过现场勘察，他们提出了建一条"书道"的设想，即通过一条小径将三块空地连接成一个整体，依次将校官碑的发现、艺术价值、碑的原貌展示出来。这一构想很符合中国人对艺术品的欣赏习惯，西方人在欣赏一件艺术作品时，往往只关心这件艺术品的本身，中国人则喜欢听故事，观者一路走来，先了解碑的由来、碑的艺术价值，再一睹原物的风采。这一构想确定后，学校委托南京林业大学的园林专家姚老师设计图纸。一个月后，设计完成。现在建成的"书道"景观带，就是以姚老师的设计为基础，因地制宜，适当增减而成的。

"书道"由两部分组成，即青石板大道和校官碑景观带。

一条东西走向的青石板大道，长113米、宽5.5米，石板路两边用宽35厘米、长50厘米的石板做路牙，中间用宽50厘米、长120厘米的石板铺设，石板不用打磨，保持开采出来时的原貌，以达到古朴美观、经济实用的效果。

校官碑景观带由三个部分组成。

第一部分：在青石板大道入口处，置一元宝型麻石，正面

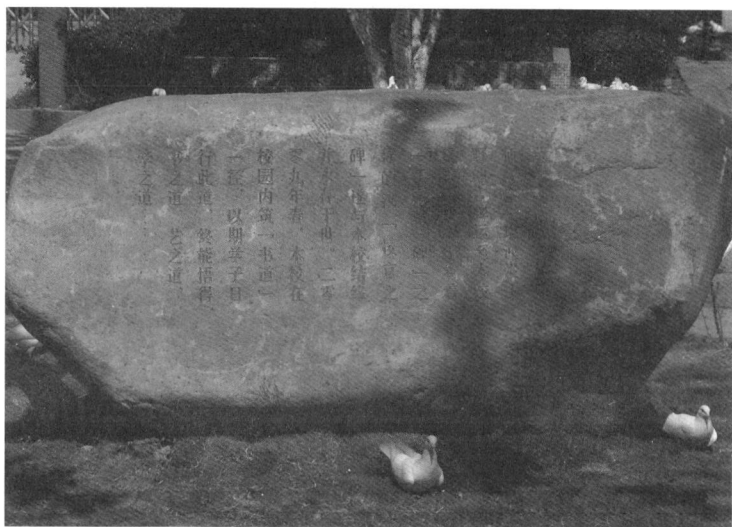

刻在"书道石"背面的介绍《校官碑》与本校关系的文字

刻印"书道"二字，这两个字是从《校官之碑》中临帖而刻，以朱漆描之。该石背面刻有这样一段文字："1950年秋，本校几位教师将一块湮没于野的古碑运至本校妥善保护——有着'江南第一碑'之称的汉'校官之碑'遂与本校结缘并永存于世。2009年春，本校在校内筑'书道'一径，以期学子日行此道，

终能悟得书之道、艺之道、学之道……"这段文字主要是向人们介绍"校官碑"与我校的历史渊源以及建"书道"的目的。

沿着书道石左侧的小径向前走 20 米，小径右侧置一黑色花岗岩刻成的石牌，该石牌长 70 厘米、宽 40 厘米，上面所刻的文字是：《校官之碑》现为国家一级文物。该碑刻于东汉光和四年（公元 181 年）十月，内容为表彰溧阳长（时溧水与溧阳为一县）潘乾兴教办学之德，书法为汉隶成熟期之杰作，其艺

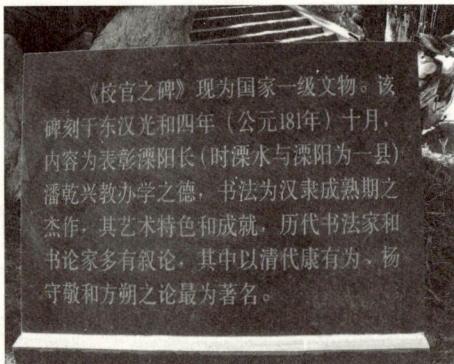

介绍校官碑的历史地位及书法价值的石牌

术特色和成就，历代书法家和书论家多有叙论，其中以清代康有为、杨守敬和方朔之论最为著名。"这段文字精辟地阐述了校官碑与办学兴教的关系及其极高的书法价值。另外，又为引出景点的第二部分"名家评价"做了铺垫。

石牌对面凸起的山坡上植有三棵朴树，呈"品"字型分布，这样，不仅使该处景点景物高低错落有致，而且待到朴树枝繁叶茂之时，则显得更加古朴厚重。

第二部分：沿"书道"之径而上，青石板大道的中部右侧有一块面积约 500 平方米、地势比较平坦的空地。该处为校官碑景区的第二部分。其上分别建两个粉壁黛瓦的书墙，墙的右侧留一倾斜的小门，一条宽约一米的小径蜿蜒穿过，将两面书

墙连接成一个整体。书墙背面都栽着水竹，从正面看过去，显得别有情趣。书墙的正面墙基外侧栽种着箬竹，墙面上则是用大理石分别刻着名家对《校官碑》书法价值的高度评价和名家简介。

第一面墙上刻着：

康有为（1858—1927），广东南海人，人称"康南海"。近代著名政治家、思想家和社会改革家，为历史上著名的"戊戌变法"的主要发起人和领导者；同时他还是一位著名的书法家和书法理论家（左侧"丰茂"二字集于康书），书法主张"尊碑"，为近代碑派书法代表人物和碑学理论的主要倡导者，其书法理论名著《广艺舟双楫》，对中国书法的发展有着较大的影响。

刻有杨守敬、方朔简介及其评价《校官碑》书法价值文字的景墙

（至于汉隶体气意多）峻爽则有《景君》、《封龙山》、《冯绲》，疏宕则有《西狭颂》、《孔宙》、《张寿》，高浑则有《杨孟文》、《杨统》、《杨著》、《夏承》，丰茂则有《东海庙》、《孔谦》、《校官》，华艳则有《尹宙》、《樊敏》、《范式》，虚和则有《乙瑛》、《史晨》，凝整则有《衡方》、《白石神君》、《张迁》，秀韵则有《曹全》、《元孙》。

——康有为《广艺舟双楫·东汉篇》

第二面墙上刻着：

杨守敬（1839—1915），湖北宜都人，清末民国著名历史地理学家、金石学家、目录版本学家、藏书家和书法家（左侧"气韵沉雄"四字集于杨书）。其一生具有多方面的成就，以历史地理学成就最为突出，被称为"清代三绝"学之一；他书法楷、行、隶、篆诸体俱长，书艺在日本影响尤大，被誉为"日本现代书道之父"；其书论有《学书迩言》、《楷法溯源》等六种。

（《校官之碑》）方正古厚，已导《孔羨碑》之先路，但此浑融，彼峭厉耳。君子藏器，以虞为优，又按此碑与《武荣碑》石之宽广，字之大小，格之高古，皆相若，而各擅胜扬处，则《武荣》之风华掩映，此碑之气韵沉雄，可称二绝。

——杨守敬《评碑记》

方朔，字小东，安徽怀宁人。清代著名文学家、书法家，善骈文，工篆、隶，隶书学《张迁碑》、《校官碑》及"孔庙三碑"等，其书论有《枕经堂金石书画题跋》存世。

《校官碑》字体方正淳古，（中间"方正淳古"四字集于校官碑）有西京（指西汉）篆初变隶风范。东京（东汉）中唯《衡方》、《张迁》二碑如其结构。

——方朔《枕经堂金石书画题跋》

## 碑亭

沿着青石板大道继续向东行进，便进入校官碑景区的第三个部分：碑亭。一路欣赏，一路探寻，终于可以一睹校官碑的风采了。一条长 38 米、高约 2 米的明清风格的龙脊景墙横跨在教辅楼与教学楼之间。景墙上开着几扇镂空的花格窗，透过花格窗，可以看见景墙后面竹影摇曳，右侧开一六角小门供行

陈列校官碑复制品的半亭

人出入。半亭处于景墙的中间，亭角高翘，复制的校官碑立于亭中。细观碑文几可乱真，因是电脑仿真雕刻，字型与拓片几

乎没有差异，连原碑上的残缺、划痕都惟妙惟肖。碑后的景墙上刻着原校长张召中撰写的"复制《校官之碑》记"其内容为：

## 复制《校官之碑》记

汉《校官之碑》原石为国家一级文物，现存于南京博物院。因其存世历程中曾与本校有过一段不解之缘，故二零零八年秋，本校经有关部门同意决定复制此碑，并以其为主体筑一文化景观道路——"书道"。

《校官之碑》大小、形制等，历代文献多有记载，但也多有出入，为此，在县文化局和南京博物院的支持下，由副校长张仁才等，对原石进行了实际考察和测量，知整碑为圭形，并实得数据如次：顶宽三十厘米，左肩（斜边长）三十五点五厘米，右肩（斜边长）三十八点五厘米，高一百四十六点三厘米，宽上下各七十六厘米、七十七厘米不等，厚二十二点五厘米，下部三角形凹深十厘米，上部圆孔径十点二厘米。本复制碑大小、形制以此为据。

原石文字，因年代久远，过于斑驳，故复制上石文字，以邱德仑所藏宋代善本拓片为据；摹刻则采用现代科技手段：将拓片用高精扫描仪扫进电脑，比照原石进行排列和必要处理后，由电脑刻机刻成。故复制碑石上的字迹较原石清晰（但仍斑驳、缺失数字，是因原石和拓片上皆亦然）。

原石无碑足和碑座，今复制碑之碑足和碑座是为树立之便而加。

石料取自安徽繁昌。复制工作完成于二零零九年六月十六日。

溧水县第一初级中学

二零零九年七月

亭后有几株老槐树，枝虬叶瘦。暮春时节，槐花盛开，青翠的树叶、乳白的槐花、黝黑的墙脊、粉色的景墙，与碑亭浑然一体。

清人姚崇文为溧水县谕时有赞校官碑诗一首《咏校官碑》：

七月贞珉奠厚坤，中郎绝笔校官文；

龟趺负载千均重，燕尾横斜八体分；

荡谲不缘沉野水，摩挲重见立斜曛；

由来吾道天同永，十丈摩崖岂足云。

学校请诸荣会先生将其中颈联书成联语，悬于此半亭柱子上。字体为行书，风格清秀文雅。

书道景观的建成，不仅可以供参观者赏析和缅怀。更希望师生们日行此道，悟得教之道、学之道、成长之道、立世之道……既可再现历史、尊重传统，又能激励后学、追慕先贤、砺志成才，并引领师生修道明伦、穷理正心、有所担当、有所作为。

# 第三节　靓点

靓，即漂亮、美丽。

若问我们校园中的靓点，那非插竹亭莫属！

绿树掩映，翠竹浮烟是它的环境；一亭翼然，丰姿独秀是它的形象；古色古香，气韵生动是它的风格。今天，它是学子们晨读的佳处、结社的乐地和写生摄影的对象；明日，则是他们关于母校的记忆、见证和梦境。

但是，插竹亭靓的还不仅仅是这些，它还是——

一则传奇，竹子插地扶花，竟然"无根而苞"，岂非天意吉兆！所以说："插竹无心始信凌云含物理"。

一个故事，不光只是"一门八进士"的荣耀，还有不畏权贵、刚正不阿的坚守，所以说："载花有意应知傲骨顺天然"。

一段佳话，原本天高皇帝远的地方，中国文化史上一些熠熠生辉的名字，竟与之相关：周邦彦、李师师、俞栗，甚至还有皇帝宋徽宗……

插竹留传奇，筑亭续佳话；

勖勉众后学，成才兴中华。

插竹亭物化着从这儿走出的莘莘学子怀揣着的一种精神和品质。

# 竹·亭

## 插竹亭

走进溧水区第一初级中学的大门，不难发现其西南一角的翠竹绿树丛中，有亭翼然，那就是插竹亭。

插竹亭东倚校园，西瞰街市，南临古秦淮河，北与文化广场相连。古色古香的亭子立在这生机勃勃的校园里，很像是一座现代厅堂中的一件古董，具有一种独特的风味。

亭体三层，高17.1米，六边形设制，底座180平方米，封

插竹亭

闭成室，为校"秋湖文学社"活动之所；二层以汉白玉为栏，刻与"竹"有关的图案，周围设靠椅，供学子读书、游人小憩览胜；二、三层贯通，顶内设中国古代科学发明图文。

亭的周围，高大的银杏相拥，茂密的翠竹环抱，愈加体现出它的丰富和博大。竹的不屈不挠，竹的挺拔向上，竹的虚怀

而为，竹的扎实勤勉，竹的枝繁叶茂，都是一个人应有的刚柔并济的和谐品格的象征，都是我校历代仁人志士精神和意志的写照，也都是我们的师生、我们的学校更健康更和谐发展、不断提升品牌价值最为重要的元素。

今日之插竹亭，为古迹重修。奠基于2007年3月，12月竣工。重修之意义，从文化的角度上说是尊重传统，重现历史，打造溧水名胜；从教育的角度上说，是让我们的学生积极追慕先贤，刻苦学习，学有所成，报效祖国，服务人民。

重修的插竹亭选址于现在这个地方，也是有原因的：一是历史上的原本在此附近；二是因为这里是我们学校的发源地。

20世纪20年代末，县城有个叫李伯纯的，此人很重视教育，在他去世后，他的一个儿子李乾一于1933年8月在李伯纯墓旁李墓村创办了溧水县第一所中学，取名为"溧水私立伯纯初级中学"。1943年春，学校迁入珍珠桥畔炎帝庙（俗称"火神庙"）内。在此基础上，学校不断发展壮大，先后经历了溧水私立伯纯初级中学时期（至1950年止），1950—1955年的溧水初级中学时期，1955年—2001年的溧水县中学时期，2001—2004年的江苏省溧水高级中学时期，2004年8月，江苏省溧水高级中学初高中分设，这里就成了现在的溧水区第一初级中学。2006年暑期，学校校园整治，原火神庙几间残破的旧房被拆。至此，学校初创阶段的痕迹荡然无存。

为弘扬插竹亭主人余为学刻苦，为官清正的精神，也为纪念李乾一的办学精神，彪炳李伯纯"教育于国计民生之重要"的认识，彰显自1933年8月以来，尤其是自1943年春以来的

雪后的插竹亭

学校底蕴，构造和谐的校园文化和优雅的校园环境，引领全体师生修道明伦、立志敬业、穷理正心、致知力行，学校决定在火神庙址上重建插竹亭。

亭名既以竹为名，又因竹肇造，所以亭周除配以假山、奇石、花卉等外，尤突出竹，以此烘托"插竹亭"之"竹"。

# 插竹亭周边的竹子

## 金镶玉竹

分布：第三幢楼后　栽种年代：2008年　主要习性和特点：散生竹，秆高3~5米，径1~2厘米。竹秆金黄色，沟槽绿色，"金""玉"交替，因而得名，极具观赏价值。本种繁殖快，适应性强，能耐-20℃低温。

## 凤尾竹

分布：插竹亭旁　栽种年代：2008年　主要习性和特点：别名观音竹。米竹科属：禾本科、簕竹属。植株丛生，叶细纤柔，弯曲下垂，宛如凤尾。叶细小，长约3厘米，常20片排生于枝的两侧，似羽状。

## 菲白竹

分布：文化墙边　栽种年代：2008年　主要习性和特点：叶片狭披针形，绿色底上有黄白色纵条纹，有明显的小横脉，叶柄短；喜温暖湿润气候，好肥，较耐寒，忌烈日，宜半阴，喜肥沃疏松排水良好的砂质土壤。

## 箬竹

分布：插竹亭东侧、《插竹亭的故事》文化墙北侧、文化广场南　栽种年代：2008年　主要习性和特点：别名箬叶竹。禾本科箬竹属。地下茎为复轴形。小型竹，秆较低矮，秆茎与枝条相仿。喜在低山谷间和河岸生长。

## 斑竹

分布：插竹亭正门东侧　栽种年代：2007年　主要习性和特点：别名湘妃竹，禾本科散生竹。秆有紫褐色斑块与斑点，分枝亦有紫褐色斑点。为著名观赏竹，秆用作制工艺品及材用。主要分布：湖南、江西、河南、浙江等地。

## 丛竹

分布：插竹亭南　栽种年代：2007年，　主要习性和特点：竹类植物的地下茎形成多节的假鞭，节上无芽无根，由顶芽出土成秆。竹秆在地面呈密集丛状，看起来都会聚在一起，一丛一丛的。

## 紫竹

分布：校内多处　　栽种年代：2008年。　　主要习性和特点：散生竹。新竹绿色，当年秋冬即逐渐呈现黑色斑点，以后全秆变为紫黑色。竹材较坚韧，喜温暖湿润气候，稍耐寒。

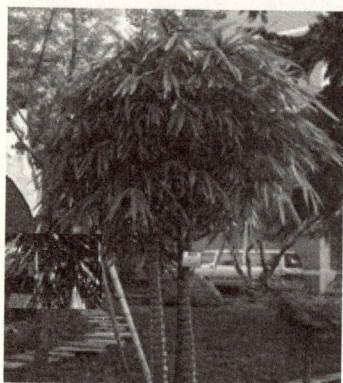

## 佛肚竹

分布：插竹亭南　　栽种年代：2008年　　主要习性和特点：禾本科。佛肚竹，又称佛竹，罗汉竹、密节竹，大肚竹、葫芦竹。枝叶四季长青，其节间膨大，状如佛肚，形状奇特，故得名佛肚竹。性喜温暖湿润，喜阳光，不耐旱，也不耐寒，宜在肥沃疏松的砂壤中生长。

## 棕竹

分布：插竹亭门前　栽种年代：2008年　　主要习性和特点：又称观音竹、筋头竹、棕榈竹、矮棕竹，为棕榈科棕竹属常绿观叶植物。丛生灌木，叶集生茎顶，掌状，花期4—5月。浆果球形，种子球形。它喜温暖潮湿、半阴及通风良好的环境，畏烈日，稍耐寒可耐0℃左右低温。

# 插竹亭的故事

景墙

（一）宋哲宗元祐八年（1093年），曾任太学正的大词人周邦彦，被贬为溧水县令。带着一腔愤懑和满身疲惫，周邦彦向溧水走来。

（二）溧水城东的分龙岗上，居住着一俞姓大户，在县内久负声望。初来溧水的官吏，多会前去拜访以示其好。

（三）周邦彦下车伊始，也照例前去俞府拜访，俞府上下自然热情相迎，一段佳话便由此开始。

（四）俞府亭雅院洁，宾主相见恨晚。畅谈间，俞府长老与周邦彦说起府中的一件奇异旧事，以求其解。

（五）一年春天，俞氏在花园中种花，为防止花枝倒伏，便插竹扶之，没想到这些插在地上的竹枝竟然都成活了。

（六）俞氏所说故事让周邦彦激动不已，他认为"竹能无根而苞，其祥亦可知矣"，遂建议俞氏建造一亭，以示纪念。

（七）绍圣三年（1096 年），俞氏果真在其后花园中兴建一亭，因其为纪念插竹成活而建，遂起名"插竹亭"。

（八）又因亭为周邦彦倡议所建，建成后，俞氏请周邦彦为其题榜赐记，周邦彦欣然接受，为之题"插竹亭"三字匾额，并作《插竹亭记》一文。

（九）亭建成后
十年，即宋崇宁
五年（1106 年），
俞氏子弟俞栗考
中状元。俞氏一
族，先后有八人
考中进士，人称
"一门八进士"。

（十）对于俞氏
家族的辉煌，有
人认为这都是插
竹亭带来的好运。
其实，这更与俞
氏家族历代对教
育的重视分不开。

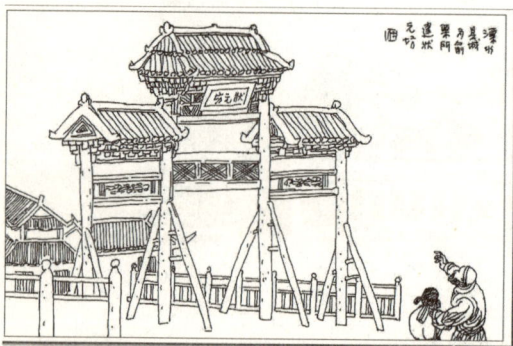

（十一）俞氏诗
书传家，子弟多
学有所成，俞栗
为其中之佼佼者，
他曾官至兵部尚
书，且为官清正
廉洁，溧水城中
曾有一状元坊，
便是当年为表彰
他而建造的。

48

# 第四节　附点

这儿原本是运动场的"边角料"。如音乐中的一处休止符，绘画中的一处留白，书法中的一笔飞白。

音乐讲究"此时无声胜有声"，绘画中有"夏半边"和"马一角"，书法讲究"计白守黑"，所以"边角料"也要将之变成好风景。

让一只黑白相间的足球，成为这道风景最生动的诱惑；

让几面粉墙，连通奥林匹克前世与今生的梦想；

让几张石凳教会学子们动中取静、以静制动，文武之道，一张一弛的哲学。

让这一处原本的休止，成为一段运动的旋律中的附点……

雪中小景

# 体·育

## 运动场一角

2009 年冬，位于学校东侧的标准运动场修建完工，新操场很漂亮，椭圆形的橘红色塑胶跑道，就像六道花环镶嵌在操场的外围，操场的中间铺着绿油油的人工草坪，好像一片绿色的草地。在这碧绿的"草地"的两端矗立着三对篮球架，他们像巨人一样守护着操场。

操场东、西、北三面，有水杉、香樟、棕榈等树木，那水杉就像一把撑开的大伞，笔直而上，有几层楼那么高，主干粗壮，挺拔修长。最漂亮的就要数棕榈的叶子了，一片片叶子向四面舒展着，就像孔雀在开屏。还有香味扑鼻的月季花，那粉红色的花瓣层层叠叠，微微下卷，像一位穿着连衣裙的少女，又像一只只蝴蝶扑扑翅膀，翩翩起舞。

遗憾的是，操场的西南角，有一块三角形荒地，其间杂草丛生，围墙外面的房屋也破旧不堪，与新操场优美的环境很不协调。为了弥补这一缺憾，学校在广泛听取教职工意见的基础上，请专家对该处的景观进行了设计。建成了现在的体育公园。

体育公园分为三部分：第一，紧靠西南面的铁栅栏围墙栽上密度较高、生长速度较快的丛竹，高大、挺拔、茂密的竹杆形成天然的绿篱围墙，遮挡住围墙外面的破旧房屋。第二，空地西南角，筑有一个高约1.5米、底层直径5米的圆台，圆台分三层，最上层镶嵌着一个直径80厘米的大石球，石球表面用油漆漆成足球图案。整个圆台用蒙古黑大理石镶嵌，下面两层大理石上雕刻着现代体育运动的简图，整个圆台充满着现代气息。第三，圆台东面建三道粉墙黛瓦的景墙，分别长约10米。景墙在近处看，有前有后，错落有致；远处看，一字排开，相映成趣。景墙上镶嵌着大理石刻成的"中国古代体育百图"。

体育，即"体·育"——身体锻炼与养成教育有机结合。

运动场一角

## "中国古代体育百图"选

中国是一个伟大的文明古国。五千多年的文明史创造出了璀璨的中华传统文化和丰富多彩的体育文化。

中国体育文化是与中国历代传统文化同步发展的，中国古代的体育运动无论是形式还是技法均有着鲜明的东方文化特征，当这些体育活动从远古人类的生产劳动中独立出来，并作为一种文化形态存在的时候，即被赋予了游戏的、竞技的、健身的和教育的功效与功能。

运动场西南角镌刻着数十幅中国古代体育图文，现选录介绍如下。

## 拔河

拔河是人数相等的双方对拉一根粗绳以比较力量的对抗性体育娱乐活动。拔河起源于中国的春秋战国时期。唐宋以后，

拔河渐在民间盛行。现代一般的拔河方法是：在地上划两条平行的直线为河界，由人数相等的两队在河界两侧各执绳索的一端，闻令后，用力拉绳，以将对方拉出河界为胜。在西方，拔河原为英格兰一种乡村的游戏，1900—1920年的奥运会上拔河曾被列为比赛项目。

## 步打球

　　步打球，又称"步打"，是一种徒步以杖击球的球类运动，类似于今天的曲棍球。步打是从马球活动演变发展而来的，除了不骑马之外，跟马球运动大体相似。

　　我国古代的步打球比欧洲曲棍球的历史要早得多，大约在公元8世纪，东传到了日本。现存日本古都奈良正仓院北仓的一条隋唐时期的花毡上，就织有一儿童在作步打球的形象。

# 抽陀螺

　　抽陀螺是一种古老的中国儿童游戏活动。陀螺为圆锥形，上大下尖。将尖头着地，以绳绕螺身，然后旋转放开鞭绳，使陀螺旋转；或用手直接旋转陀螺，待陀螺着地，以绳抽之，使之旋转。另有鸣声陀螺和菱形陀螺，以竹木制成中空圆筒，中间贯以旋轴。圆筒体开有狭长裂口，转动时由于气流作用能发声。菱形陀螺为两头小，中间大，以绳绕螺身，使着地旋转，顺势抽绳，使螺旋转。

## 蹴鞠

　　蹴鞠是影响了中国和世界两千多年的传统文化和体育项目。"蹴"即用脚踢，"鞠"是皮制的球，"蹴鞠"就是踢球。

2004 年 7 月 15 日，国际足联确认：蹴鞠是足球的起源，临淄是世界足球的起源地。确立了中国的蹴鞠作为足球的始祖在世界足球发展史上的历史地位。足球起源地和蹴鞠已成为临淄乃至中国的一张耀眼的名片。

**打跪砖**

溧水流传的"打跪砖"是一种流传很广的抛掷游戏，它至今还保留着击壤这一古老游戏的痕迹。溧水乡间打跪砖的方法如下：

游戏者二至若干人，两人为一组，每人备半截砖一块。在场地两端划线，相距十步。游戏开始，每组先各自决出先后，后者将砖立于场地一端，先者在另一端按规定方式用砖掷击对方砖块，以击中为准，不中者互相交换。掷击方法共分十个步骤：一、"吸旱烟"一方在场地一端用砖掷击对方砖，开同击壤。二、"一跨跨"将手中砖先向前抛出，大约够尽力跨一步踏上，若踏上，则拾砖掷击对方砖。三、"两跨跨"，抛砖致远，跨二步踏砖，拾砖掷击。四、"三一脚"，抛砖致远，跨三步踏砖，一足独立，跳行踢砖击对方砖。五、"四碰头"抛砖以远，跨四步踏砖，双足夹砖跳起，抛砖击对方砖（这时对方砖纵立，故有碰头之意）。六、"五冲冲"，一足独立，单足跳行并踢砖向前，共五次，第五次必须击倒对方砖。七、"六

脚背"，抛砖以远，跨六步踏砖，用一足勾砖于另一足背，进足抛砖击对方砖。八、"七端端"，一手握成端杯状，置砖于上，跨七步至对方砖处，单足立，举砖至头高，翻手落砖击对方砖。九、"八带带"，将砖置于一足背，跨八步（保持砖不落地），出步抛砖击对方砖。十、"九顶顶"，置砖于头顶，

跨九步低头落砖击对方砖。每次都以击倒对方砖为目的,有一动作失败即换方,仍按上述顺序依次进行。完成十个动作为一轮。至于为什么叫"打跪砖",因原先有输者被罚跪的内容。也正因为此,现在已不大流行了。

## 放风筝

风筝又称风琴、纸鹞、鹞子、纸鸢。起源于中国,中国风筝有悠久的历史。据说汉朝大将韩信曾利用风筝进行测量,梁武帝时曾利用风筝传信。从唐朝开始,风筝逐渐变成玩具。中国传统的风筝一般分为硬翅、软翅、板子、串子、立体(筒形)等几类,按地域和风格又分为具有潍坊、天津、南通、北京等地方特色的风筝。中国最大的风筝制造地在山东潍坊,被称为"世界风筝之都",每年举办风筝会,2005

年还举办了风筝锦标赛。放风筝在中国民间广为盛行的一项传统体育运动，也是汉族及部分少数民族传统的娱乐风俗，流行于中国各地。

## 扛鼎

"扛鼎"即用手举鼎，与现代举重颇为近似。最早起源于战国时盛行的一种举重活动，古人崇尚力量，从战国到汉代都以"扛鼎"作为举重训练的方法，史书中曾有"武王有力好戏，力士任鄙、乌获、孟说皆至大官。王与孟说举鼎绝膑"的记载。"力拔山兮气盖世""长八尺余"的项羽"力能扛鼎"的传说则见于汉代司马迁《史记·项羽本纪》："籍长八尺余，力能扛鼎，才气过人。"可见，项羽曾是双手托举青铜鼎的大力士。后来，"扛鼎"还演变成一种杂技项目，东汉大文学家张衡的《西京赋》便有关于"扛鼎"等许多精彩的杂技节目的记载。

## 射 术

"射"原为西周社会的礼仪之一，是当时学校培养学生的重要内容，具有明显的体育特征。最先是狩猎的工具，后演变为健身和娱乐项目。春秋时战事纷繁，弓射成为训练士兵素质的军事体育项目。西汉称专门负责训练射箭的官吏为"射声校尉"。自秦汉以来，历代都视步射、骑射为重要的军事体育训练项目。从唐武则天长安二年（702年）武举设步射、骑射后，直至明清武举相沿未改。民间（包括女子）的习射活动也很普及。南北朝时妇女就有步射和骑射活动，唐代宫廷中的妃嫔也经常参加骑射狩猎。宋代民间有不少习射的社团组织，如"弓箭社""射弓踏弩社"等。辽、金、元、明、清都有各种射箭的竞赛活动，如"射木兔""射柳""射鹄子""射香火"等。

## 水秋千

水秋千

水秋千是中国古代水上运动之一。跳水与荡秋千相结合，似今跳水运动。在彩船船头立秋千，荡秋千时有鼓乐伴奏，当摆到几乎与顶架横木相平时，人体脱离秋千翻跟斗掷身入水。现在奥运会上看到的花样跳水体育项目并不是西方人的发明，而是中国人的创举。早在中国休闲娱乐内容最为繁荣的宋朝，就已经风靡全国，成为上至皇帝、下至平民，都十分喜欢的体育运动项目。当时这项运动有个文雅的名字：水秋千。

水秋千架在船头上，表演的人借着秋千的摆动，摆到几乎与顶架的横木相平时，突然从秋千上腾空而起，在空中完成翻筋斗等各种动作，最后跳入水中。秋千起到了活动跳台的作用。这是难度极大的跳水表演。因为秋千荡平只是一瞬间的事情，如果没有适时跳离，秋千就会往回荡，再脱手跳离就很危险了。

比起今天的花样跳水，水秋千的视觉效果要好许多。

## 围 棋

围棋是一种策略性两人棋类游戏，中国古时称"弈"。流行于东亚国家（中、日、韩等），属琴棋书画四艺之一。

围棋起源于中国。隋唐时经朝鲜传入日本，流传到欧美各国。有学者认为，围棋蕴含着汉民族文化的丰富内涵，是中国文化与文明的体现。

围棋使用方形格状棋盘及黑白二色圆形棋子进行对弈，棋盘上有纵横各 19 条直线将棋盘分成 361 个交叉点，棋子走在交叉点上，双方交替行棋，落子后不能移动，以围地多者为胜。

## 五禽戏

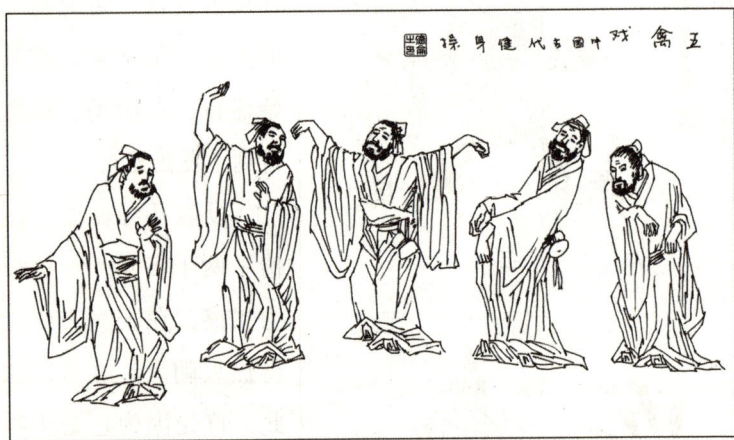

五禽戏是一种中国传统健身方法，由五种模仿动物的动作组成。五禽戏又称"五禽操""五禽气功""百步汗戏"等。据说由东汉医学家华佗创制。五禽戏是中国民间广为流传的、也是流传时间最长的健身方法之一，其健身效果被历代养生家称赞，五禽戏能治病养生，强壮身体。五禽戏是一种仿生功法，与中国的太极拳、日本的柔道相似。锻炼时要注意全身放松、意守丹田、呼吸均匀，做到外形和神气都要像五禽，达到外动内静、动中求静、有刚有柔、刚柔并济、练内练外，内外兼备的效果。

## 投壶

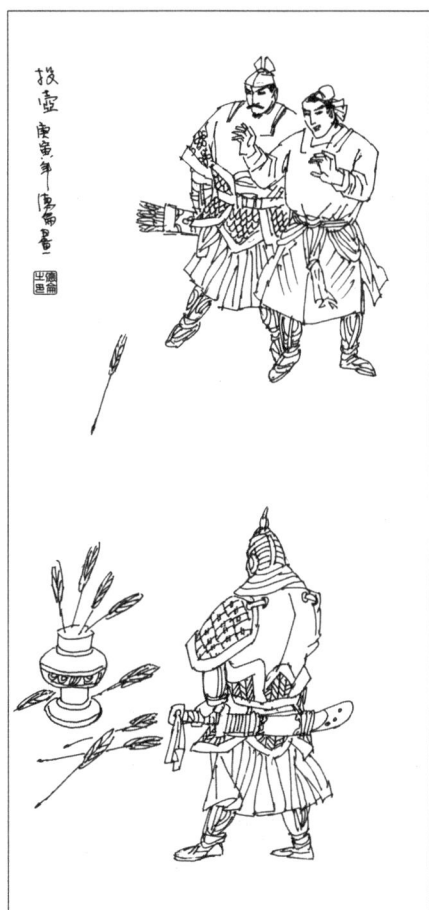

投壶是古代士大夫宴饮时做的一种投掷游戏，也是一种礼仪，一种从容安详、讲究礼节的活动，在战国时期开始盛行，在唐朝，投壶得到了发扬光大。

投壶几经演变，流传了两千多年，一度极为兴盛，在士大夫中玩得热火朝天。之所以如此，首先因为它是一项"古礼"，士大夫们认为这是一种雅致的娱乐，符合他们的生活方式，乐于接受。其次，这种娱乐本身可以修身养性，并具有健身的意义。

## 燕濯

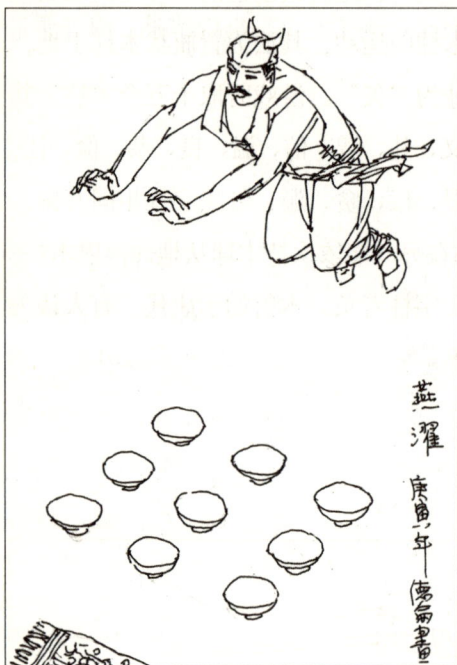

燕濯，是用若干个盘子盛满水，有规则地排列在面前，运动的人蹲在盘子的后面，踊跃起身，张开双手，向前跳跃（与现代的立定跳远相似）。跳跃时用脚尖沾盘子中的水，然后再保持蹲坐的姿势，就像燕子在水上洗浴一般。

## 木射

木射，亦称"十五柱戏"，是唐代创造的一种球的玩法。它是一种以地滚球击打木柱的运动，其法为置瓶状木柱于地，即以木柱为"候"，木球为"矢"。游戏时取十五个木柱，其中十个用红色书写仁、义、礼、智、信、温、良、恭、俭、让，另五个用黑色书写傲、慢、佞、贪、滥。红黑字柱相间并排，竖于场地一端。游戏者站在另一端依次持木球从地面滚射木柱，击倒红字柱者胜，击倒黑字柱者负。木射始于唐代，有人认为木射是现今保龄球的雏形。

## 武术

　　武术，打拳和使用兵器的技术，是汉族民间历史悠久的传统体育项目，中国一些少数民族如回族、苗族等也有各自独具特色的武术流派。武术的起源源远流长，在民间的影响也是

根深蒂固的。

　　武术又称国术或武艺，是中国的传统体育项目。其内容是把踢、打、摔、拿、跌、击、劈、刺等动作按照一定规律组成徒手的和器械的各种攻防格斗功夫、套路和单势练习。

　　作为体育项目，武术套路运动中尽管包含丰富的技击方法，但其宗旨是通过演练来提高人的身体素质和攻防能力，以及进行功力与技巧上的较量，在技术要求上与实用技击有一定的区别。归结为一点，武术具有明确的体育属性，它内涵丰富、寓意深，既具备了人类体育运动强身健体的共同特征，又具有东方文明所特有的哲理性、科学性和艺术性，从一个侧面反映了东方民族文化的特色。因此，从广义上说识，武术不仅是一个运动项目，而且是一项民族体育，是中国人民长期积累起来的一项宝贵文化遗产。

## 舞 龙

舞龙俗称"玩龙灯"，是我国民族传统体育项目之一。每逢喜庆节日，尤其是在元宵节期间，很多地方都有舞龙的习俗。舞龙起源于中国的传统舞蹈。舞龙者在龙珠的引导下，手持龙具，随鼓乐伴奏，通过人体的运动和姿势的变化完成龙的游、穿、腾、跃、翻、滚、戏、缠、组图造型等动作和套路，充分展示龙的精、气、神、韵等内容的一项传统体育项目。龙的形象源于中国古代的图腾，龙被视为中华民族的象征，并被看作是能行云布雨、消灾降福的神物。因此有的地方久旱不雨时，便舞龙祈雨；有的地方插完秧，便舞龙驱虫。

## 太极拳

太极拳，国家级非物质文化遗产，汉族传统拳术之一，以中国传统儒、道哲学中的太极、阴阳辩证理念为核心思想，集

颐养性情、强身健体、技击对抗等多种功能为一体，结合易学的阴阳五行之变化、中医经络学、古代的导引术和吐纳术所形成的一种内外兼修、柔和、缓慢、轻灵、刚柔相济的拳术。

## 举石

在中国古代举重的历史上，由于石质的举重器具可以随地取材，并可随意制成各种形状，成本很低，而且易于抓举，因此唐宋以后，举石逐渐成为举重比赛中的主要器具。在唐末笔记小说中，即有对当时大力士举起各种举重器具的描绘。据《歙州图经》记载，绩溪县太微村有个叫汪节的人，到长安城东渭桥边同别人打赌。他把一个重达千斤的石狮子"投之丈余"，十几个人也抬不回来，只好又请他"提而置之故地"。

## 角力

角力是人们用自身的力量而不借用任何工具去征服自然界的一项活动。从某种意义上说，这是人类最原始、最早的一项体育活动。

## 赛马

赛马是历史最悠久的运动之一。自古至今形式变化甚多，但基本原则是竞赛速度。

## 击壤

击壤是一项古老的投掷游艺，相传远在帝尧时代已经流行。击壤的产生大约与狩猎有关。远古时代，人类用木棒打野兽，为了投掷得更准确，平时便要练习。后来，狩猎工具得到改进，有了弹弓和弓箭，人类不再依靠木棒掷击野兽。这种练习便逐渐演变成一种游戏。

# 第三章　重点

　　校园内的每一个景点，都是一本历史文化教育的好教材。每一本教材中都各有其重点章节和内容：

　　《校官之碑》是国家一级文物，被誉为"中国教育第一碑"和"江南第一碑"，堪称"国宝"，它有着怎么样的前世今生？其碑文我们如何断识？到底如何看待其书法风格，其书法艺术价值又有几何？

　　插竹成活到底是传说还是实事？周邦彦到底有没有认可这一传奇？他在溧水的三年经历着一段怎样的人生？

　　中国传统体育项目中，哪些与现代奥林匹克运动项目相似、相通？体育运动的背后，又有着哪些文化的因素？

　　这些或为疑点，或为难点，在这一章重点提供一些解读的参考。

　　穿插有一些小的故事、传说、细节，也可让过于沉重的本章内容轻松一点。

# 第一节　要点

它们有着穿越时空的力量——

或许只有过一日的辉煌，却有着千百年的寂寞；

或许有过一百次的被毁，但更有着一百零一次的重建；

或许一百双眼睛都认定它是凡夫俗子，但在一百零一双眼睛中它却哗啦一声尽显出绝世风情。

它，不，它们，往往既是历史的积淀也是现实的财富；我们拥有它们，既是一种拥有，也是一种付出；既是一种奢侈，也是一种责任；既是一种幸福，也是一种负累。

南京博物院艺术馆的"历代书法陈列"展室陈列的"校官之碑"

# 东汉"校官之碑"和元代 "释文碑"在溧水的流传经过

1985 年 10 月，曾由我县政协牵头，邀请溧水、溧阳、高淳三县有关人员，到溧水来开了一次"校官碑讨论会"。溧水、高淳两县并翻刻了校官碑，因当时雕刻工艺落后，翻刻效果远不如这次。由于应用了现代科枝，新复制的校官碑不仅形似而且神似。这是校官碑在溧水流传史上的又一佳话，也是溧水文化史上的一大幸事。兴奋之余，我将东汉"校官之碑"和元代"释文碑"在溧水的流传经过整理成文，来纪念那些为保护这件国宝作出贡献的人们。

关于校官碑，溧水县政协文史委员会曾进行过整理和深入研究。通过查找文献、档案，走访知情者，请他们写回忆文章等方法收集资料。在所编的《溧水古今》1—10 辑中先后刊登了十篇有关校官碑的文章。通过多年的努力，基本查清了校官碑和元代释文碑在溧水的流传情况。

南宋绍兴十三年（1143 年），溧水县尉喻仲远（字居中）在固城湖滨发现了一块东汉灵帝光和四年（181 年）所刻的"校官之碑"（以下简称校官碑）。当时，固城湖一带属溧水县（高淳在明代才建县），所以喻县尉派民夫将校官碑运至溧水县城。校官碑在此保存了八百多年。1957 年被确立为江苏省第二批文物保护单位（苏保文字第 0321 号）。当年 8 月校官碑被运到南京，交江苏省文管会，后移交江苏省博物馆，1959 年 9 月入藏南京博物院。

现在的溧水、溧阳、高淳三县，在古代属溧阳县。当时的县城在史书中无记载，但通过校官碑的发现，后人考证出东汉时的溧阳县城在今高淳县的固城。校官碑是古溧阳县的曹属为歌颂溧阳县长潘乾在当地兴办学校的事迹而立。此碑刻于东汉灵帝光和四年。据此碑记载，潘乾，字元卓，陈国长平人（今河南省西华县）。光和中，先被举为孝廉，后被任命为溧阳县长。据汉代的制度，一个县如有一万户以上则设县令，万户以下则设县长。到任以来，潘乾政绩卓著，"百姓心欢，官不失实，于是远人聆声景附，乐受一廛，既来安之，复役三年。"又"构修学宫"，举办学校。故刻石立于学舍，以垂永久。

对于"校官"二字，历代学者众说纷纭。清代翁方纲在《两汉金石记》中说："《金石文字记》谓校官潘君之职，非也。校官者，学舍之统称。潘君之职，自是县宰，后汉时亦不闻特设学校之官。永平幸南阳，所谓校官弟子者，学舍之弟子耳。兹碑特颂其兴学之事，故其石刻于学舍。又《隶释》云：'费凤别碑，今立于吴兴校官之壁。'据此亦足证校官二字是学舍之名，非职官之名也。"

校官碑在宋代被运到溧水县城后，曾先后保存在县署、县圃、孔庙、城隍庙和炎帝庙内，经历过战乱、洪水、孔庙搬迁等历史事件；它也曾多次横卧于荆棘、废墟之中。每当校官碑遇到危险时，总有人挺身而出，化险为夷。光绪年间，它重立于孔庙内。邑人丁维诚叹道："斯文未丧重披读，鬼物呵护岂寻常"。可见校官碑得以平安保存至今，实属不易。

## 一、校官碑的发现

校官碑发现于南宋，现有两本记载有关校官碑的文献：

第一个是南宋著名的金石学家洪适的《隶释》一书。洪适对校官碑碑文进行了考释，他把释文收入《隶释》一书之中，其不可辨者尚有二十七字。

《隶释》卷五"校官碑"条称：

右校官碑，隶额。灵帝光和四年溧阳为其长潘君作。绍兴十三年，溧水尉喻仲远得之固城湖中。碑今在溧水县。

《隶释》成书于乾道四年（1166年），释文当作于此之前。

第二个是周应合撰写的《景定建康志》一书。

在卷五十"拾遗"中，收录了《校官碑长乐陈长方记》一文。文曰：

两汉石刻多在关中，东南所存无几。吾友喻居中尉溧水，得后汉光和中溧阳长潘君碑于固城湖之旁。溧水，故溧阳地，风雨摧剥，几不可读。居中译以今字四百余，其不可读者尚数十，因举而置之官舍，庶几传远。老杜《八分歌》称："苦县光和尚骨立"。盖苦老子庙碑是光和中八分书，老杜称以为最古，以是校之，未知先后。

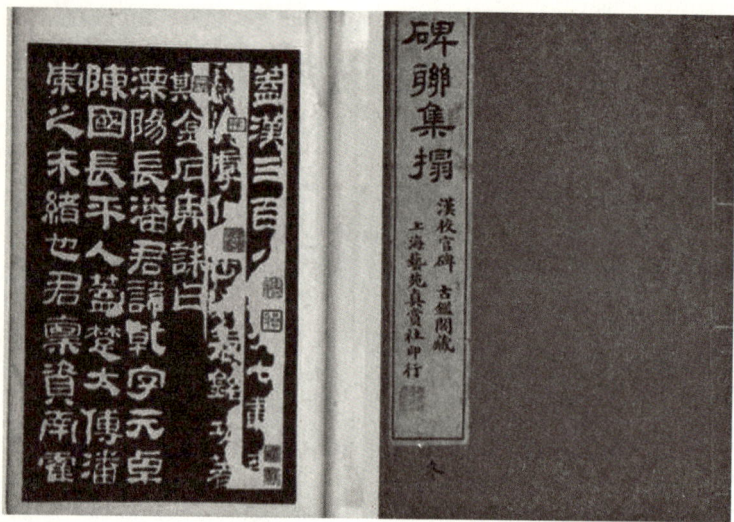

用校官碑拓片印制的字帖

陈长方，字齐之，号唯室，福建长乐人。绍兴八年（1138年）进士，官江阴县学教授。著有《唯室集》《步里客谈》等。卒于绍兴二十七年（1157年），年仅四十一岁。他是记录校官碑的第一人。元代单禧称："长乐陈长方虽尝碑其所得本末……（《释文碑》），可见这篇记文曾经刻石，可惜早已无存。

在卷五十中，又收录了洪适之弟洪迈的《校官碑》一文。洪迈曾到溧水访碑，在此期间，曾应邀为溧水城隍庙作《正显庙记》。此文已佚，仅留碑目于《景定建康志》中。《景定建康志》称，此文录自《夷坚志》。而在新版的《夷坚志》一书中有"鱼病豆疮""石臼湖蟠龙""徐楼台"等关于溧水县的三则故事。而独不见《校官碑》条，这很可能是《夷坚志》的一篇轶文。《景定建康志》还在其他四处提到了校官碑，可见其重视程度。

其一：卷十九，山川志三，诸水，溧水条：

固城在今溧阳县之西，溧水县界。绍兴中得后汉溧阳校官碑于固城湖之傍，故知其为汉县治。

其二：卷二十，城阙志一，古城郭，古固城条：

绍兴中，得后汉校官碑于溧阳固城之傍，知其为汉县治，按此城最古，在越城、楚邑之先。不书于表，以其在县境耳，志城郭之首以存古。

其三：卷四十九，治行传中有：

潘乾，字元贞，陈国长平人。楚太傅潘崇之末绪也，察廉除溧阳长，布政优优，令仪令色，矜孤颐老，重义轻利，推泮宫之教，反决拾之礼，兴修学宫，宗懿招德，既安且宁，大候用张，发彼有的，雅容载闲，钟磬县其于胥乐焉。详见校官碑。其铭有云：翼翼圣慈，惠我黎蒸，贻我潘君，平兹溧阳，彬文赴武，扶弱抑疆。余辞毁，□不可读。

其四：卷三十三，文籍志一，石刻条，有：

"溧阳长潘元卓校官碑。"

另外，南宋的曾极曾作有《校官碑》诗一首。曾极，字景建，南宋临川人。事迹不详，在南宋庆元末（1200 年）前后在世。"朱熹得其书及诗，大异之，又谓其文似苏氏父子。晚年，以江湖集事得罪，谪道州，卒。"曾极著有《舂陵小集》，已不传。存有《金陵百咏》一卷，见《四库总目》，诗极悲壮。

## 校官碑

风摧雨剥校官碑，集古先生竟不知。

同是光和千岁刻，未容苦县独称奇。

综合这些文献，可知校官碑发现之初的一些情况。当时此碑的面貌是"风雨摧剥，几不可读，居中译以今字四百余，其不可读者尚数十。"（《校官碑长乐陈长方记》）"顾碑字多厥蚀，以为无用"（洪迈《夷坚志》），"风摧雨剥校官碑"（曾极《校官碑》诗）。

校官碑发现的地点有"固城湖之傍"（《校官碑长乐陈长方记》）和"固城湖中"（洪适《隶释》、洪迈《夷坚志》）两种说法。南宋《景定建康志》（卷十九）称："固城在今溧阳县之西，溧水县界，绍兴中得后汉溧阳校官碑于固城湖之旁，故知其为汉县治。"则肯定了校官碑出于固城湖旁的固城附近。第一次考证了固城为汉代溧阳县的县治所在，对校官碑发现于固城附近作出了合理的解释。

校官碑运到溧水后，陈长方称"因举而置之官舍，庶几传远。"洪迈《夷坚志》则更进一步称："辇置厅事之侧"。直到乾道戊子（1168 年），"邑宰陈容之（名嘉善）为徙诸县圃，作屋覆焉。"（《夷坚志》），才将校官碑竖于县署的后花园内保护起来。

到了元代，据元《至正金陵新志》中的《溧水州图考》称，南宋末年，县治"东厅有校官碑"。但何时由县圃移至县治东厅的，已无考。

校官碑保存在溧水，一些金石爱好者只有通过拓片来了解它。因此从宋代以来，不知有多少校官碑拓片由溧水流向全国。我们能见到的是明代中叶的拓本，"光和四年"中"光"字未损；明末拓本"四字未损"。更早期的拓本还没见到。上海艺苑真赏社于1926年以柯罗版印行了一种秦缃孙收藏的校官碑拓片，据说是宋拓本。香港《书谱》杂志1976年12期曾予以转载，《中国历代书艺概览》一书亦收入其中两页。其拓本"墨色浓厚如古漆板"，其字刻轮廓的清朗、整饬，明显与宋人所记不符。这种拓本肯定不是宋代拓本，而是近代拓本，经过高手修描而成。秦缃孙在其跋语中称其"未必尽出天然"，这种评语是正确的。

## 二、校官碑在元代移至溧水孔庙

元至元十二年（1275年），元兵攻下溧水。由于战争，溧水"官廨皆废不存"（元《溧水州图考》，见《至正金陵新志》），校官碑被遗在一片废墟之中。元贞元年（1295年），升溧水为州。第二年，"元贞二年，知州仪叔安（名武义）重创今治"，址仍其旧。此时校官碑立于何处，不见记载。三十多年后，至顺四年（1333年）单禧来任溧水文学掾。他见校官碑立于"孔庙之大门右"（《汉校官碑释文》碑）。此时溧水孔庙在今大东门内溧水宾馆处。单禧和朋友曹国杰参照洪适的释文对照校官碑"摩挲久之"，又释出八字。单禧刻《汉校官碑释文》碑，立于校官碑之侧。

溧水县博物馆藏有单禧释文碑的拓片。碑亦作圭形。长150厘米、宽76.5厘米，无穿。碑首横书"汉校官碑释文"六个楷书大字。中部刻洪适的校官碑释文，仿原碑行列排列。下部更用小楷刻单禧的识记：

"汉校官碑，宋绍兴十一年溧水尉喻仲远得于固城湖滨……至顺四年龙在癸酉夏五月文学掾济阴单禧谨识。"

洪适的《隶释》及洪迈的《夷坚志》均称校官碑发现于绍兴十三年（1143年），而单禧在《释文碑》中则记为绍兴十一年（1141年），于是形成两说并存的情况，一直影响至今。按洪氏兄弟作文时离校官碑发现的时间不远，记载应该比较准确。又洪迈《夷坚志》称，校官碑发现距东汉刻碑时"盖相距九百六十二年矣"。查南宋绍兴十三年（1143年）距东汉光和四年（181年）正好962年。所以校官碑发现的时间应以绍兴十三年（1143年）为准。

长期以来，一些著作中认为释文碑是刻在校官碑的碑阴。如清代叶昌炽著《语石》卷三称："汉碑有释文者，溧水校官碑。至顺四年单禧释，并自书之，刻于碑阴。"近代一些著作，如张彦生著《善本碑帖录》(1984年)；《北京大学图书馆藏金石拓片草目》(见《考古学集刊》1991年总第7期)；李将分著《俞曲园与校官碑》(香港《书谱》杂志1976年12月期)等沿用此说。

之所以出现这种情况，可能因为释文碑亦作圭形，而误认为刻于碑阴的缘故。

### 三、明清时期校官碑的搬迁

溧水孔庙在元末毁于兵燹。洪武初，知州邓鉴在原址重建，洪武七年（1374年）完成。到嘉靖十七年（1538年），洪水泛城，荡民居，儒学亦被冲毁。县令陈光华将其迁至小东门外城隍庙东北的香山观旧址，此一迁也。嘉靖三十七年（1558年），为防倭寇，溧水建造石城。石城完工后，于嘉靖三十九年（1560年），将孔庙迁至县城大西门与小西门之间的朝元观旧址，此二迁也。清雍正十二年（1734年），因孔庙地势低下，每苦积潦，复迁至城隍庙东北旧址。此三迁也。

前两次搬迁，校官碑是否随之迁移？尚未见记载。但雍正间搬迁后，校官碑搬进了孔庙。乾隆《溧水县志》称："……至顺时又五百余年矣。（校官碑）刓泐过半。循释文读之，波磔仅隐隐可辨。则过此以往又当何如？……兹犹幸得摩挲古物，以想见其瘦硬通神之意。特置于文庙右庑。昌黎云：'大厦深檐与盖覆，经历久远期无它'。其亦此志也夫。"清嘉庆二十一年（1816年），知县赵钺因雍正以来无人中举，将孔庙又迁至大东门内元代孔庙旧址。校官碑亦随之搬迁。道光中，邑人王抡（字少军）曾在孔庙"临摹此碑"，又补释七字。这个王抡在咸丰年间被太平军杀害，而校官碑因孔庙的被毁再次卧于荆棘之中。同治中，溧水教谕程席龄（字与九）找到了它，将它搬进溧水县署。同治十二年（1873年）起重修溧水孔庙，至光绪三年 (1877 年) 竣工，又将校官碑复立于原位，丁维诚有"汉溧阳长潘君元卓校官碑歌"记其事：梓乡数次烽烟塞，城郭依然动凄恻，泮璧黉宫尽劫灰，颙颒秋风卧荆棘，今春舁载置鱣堂，苔垢拂拭生辉光，（丁按：司铎程与九先生捡觅此碑移置署中）斯文未丧重披读，鬼物呵护岂寻常……（光绪《溧水县志》卷十八）

## 四、抗战期间，校官碑移至溧水炎帝庙

民国以来，在溧水孔庙办了一所民众教育馆。校官碑被列入民众教育馆保存的古物之一。据何大椿先生回忆："1937 年前，溧水文庙西山墙外有瓦屋十数间，其前檐有碑三块，均砌入墙内，东一为颜真卿碑（即为南宋戴援翻刻的《颜鲁公送刘太冲叙》石刻）；中一为校官碑，西一为释文碑。上有挑檐，下以木栅围之，栅西有一小门，闭之以锁。"（《溧水古今》第四辑）

1937 年 12 月，日军飞机轰炸溧水县城，炸死居民近 2000 人。据原伯纯中学教务主任樊行健先生回忆：当时"文庙被敌机炸毁。日军占领县城后，将那里作为马厩，在 (校官) 碑上扣马。"（《溧水古今》第二辑）。校官碑再度面临被毁的危险。

1942 年夏，溧水私立伯纯初级中学在城隍庙复校。该校校长李乾一 (谦益) 此时出任溧水县维持会会长。他把校官碑搬到了城隍庙。孔德富先生回忆："1942 年秋，李谦益雇溧水扛运工会的赵凤高、刘二 (二人外号叫赵千斤、刘八百) 等四人，用抬扛将校官碑从文庙荷花塘 (泮池) 边抬到城隍庙，砌入五

凤楼下的墙内。当时我看到碑上有个石孔，很好奇，用手摸了一下，被骂了一顿。"（项利仁：《关于校官碑的调查》）

1943年，伯纯中学迁到城东的火神庙。据清光绪《溧水县志》卷八载："火神庙在小东门外，雍正十三年定制秩祀。每岁季夏二十三日致祭。咸丰六年毁。同治十年，邑绅士劝捐重建。"此庙虽不太大，房屋比较整齐。校官碑亦随之迁入。樊行健先生回忆："此碑是由本县的李谦益和龚子赓（伪商会会长）叫搬运工人运到火神庙的。从那时起，直到解放初，此碑仍立在火神庙戏台（万年台）之下，未有搬迁。"（《溧水古今》第二辑）

1952年，溧水县初级中学（原私立伯纯中学）教师黄叔平、医师陈国梁在县城内方塘边发现元代单禧所刻的"汉校官碑释文"碑被砌在码头上。（《溧水古今》第一辑）1月13日，溧水县初级中学校长胡元定给文教科的报告中称：

本校保存汉朝"校官之碑"一块，为我国稀世之文物，在历史上颇有价值。尚有"校官碑释文"碑一块为元朝补遗，与校官之碑同为国家之宝，最近发现在公安局后面塘边，为特呈报钧科设法取回，交由本校与校官之碑并放一起，而保古物。

（《溧水古今》第十辑）

后来经县文教科同意，由黄叔平（当时他任学校总务）负责，将释文碑运到炎帝庙万年台（戏台）下，与校官碑并列。

## 五、校官之碑运到南京

1957年初，江苏省文物管理委员会派江世荣到溧水调查文物。并于当年将校官碑列入江苏省第二批文物保护单位（苏文保字第0321号）。

1957年6月26日，江苏省博物馆筹备处（设在苏州）致函溧水县人委文化科：

我处为了陈列"江苏历史发展"部分，在汉代教育制度中，需要你县汉代校官碑陈列。因汉碑在我省极少，这块校官碑可以说明教育制度，且博物馆陈列以实物为主，故拟运苏陈列。特先函洽，请研究后函复我处为荷。（《溧水古今》第十辑）

到7月31日，又再次致函溧水县文化科。据当时任县文化馆馆长的杨智敏先生回忆："开始，县文化科不同意将碑运走，后来省博派人到溧水，反复协商，又找到县里领导，这才答应他们运走。"8月中旬，江苏省博物馆筹备处派人到溧水起运校官碑。朱鸿先生回忆："1957年，江苏省博物馆派员来县联系，后将校官碑与元代释文碑两碑运往苏州保存。当时学校（溧水县初级中学已于1955年改名为溧水县中学）分工由我接待经办。两块石碑从墙上撤下后，用直径10至15公分的杉木棍八根，放在两碑上下，成井字形，再用铁丝绞紧，搬上汽车运走了。"（《溧水古今》第三辑）

校官碑路经南京时，被江苏省文物管理委员会得悉，报告省文化局，将此碑留存会中。8月30日，江苏省文物管理委员会致函溧水县文化科：

此次运来的仅此碑的碑身，该碑的碑座现仍存放原地。碑座是校官碑的一个部分亦是必须保护的。接函后，请你科速派员前往该地查看，并及时进行必要的保护措施，以免遭致破坏。

（《溧水古今》第十辑）

据罗宗真先生了解，1958年汉校官碑与元代释文碑一并运到苏州江苏省博物馆。

当年，因江苏省文物管理委员会、江苏省博物馆和南京博物院三单位合并，校官碑又被运回南京，1959年9月在南京博物院登记入藏。汉校官碑放在中山门库房，已列入一级文物，而释文碑则一直存放在朝天宫库房。1992年始运到中山门南京博物院内保存。

## 六、结语

汉校官碑与元代释文碑离开溧水已半个多世纪了。在1957年它运走后不久，炎帝庙的戏台曾遭火灾；1958年大跃进时，溧水县城内不少古碑被敲碎当作石灰石炼铁；尤其是十年浩劫期间，文物古迹受到严重破坏。校官碑因保存在南京博物院的文物库房内而逃过了这些劫难。现在在校官碑的原存放地陈列了新复制的校官碑，意义重大。

元代单禧所刻的释文碑中有洪适《隶释》一书中关于校官碑的释文刻石，它既是校官碑在溧水流传过程的见证，也是反映元代溧水社会面貌的一件实物，具有极高的文物考古价值。现在和校官碑一起珍藏在南京博物院内。我们希望能将两块古碑同时复制、陈列出来，把它们在溧水流传的故事告诉广大观众，让他们知道这件国宝留存至今的不易。八百多年来，溧水人民为保护校官碑作出了贡献，在溧水文化史上是应该大书一笔的。

# 周邦彦的《插竹亭记》及相关问题

周邦彦在溧水曾作《插竹亭记》《萧闲堂记》和《周美成会客题名》。关于这三篇文章，南宋《景定建康志》中就有记载。但长期以来，在周邦彦的著作集中都查不到这三篇文章。1983年3月，江西人民出版社出版的蒋哲伦校编的《周邦彦集》中，将这三篇文章作为"佚文存目"收入书中。

1984年溧水县进行文物普查时，在孔镇乡发现了插竹亭《俞氏宗谱》，并从中发现了周邦彦的《插竹亭记》。后来，又从明万历及清顺治《溧水县志》中见到了这篇文章。李厚发先生曾撰写了《插竹亭记——周邦彦的一篇佚文》，介绍了这一发现，刊载于《溧水古今》第四辑上。

周邦彦是南宋词作大家，《插竹亭记》的发现，引起了社会的关注。2008年，溧水县第一初中校长张召中率师生在校园内炎帝庙旧址重建插竹亭。"大师王蒙，亲笔赐匾，王公充间，欣撰联语，吴公振立、恽公建新，亲赐翰墨；邱公德仑，作亭之故事之连环图画。"并于其门口立了两块巨石，分别刻了周邦彦的《插竹亭记》和诸荣会作并书写的《重建插竹亭记》。笔者曾参观了新建的插竹亭，并听了有关新建插竹亭的故事，很受感动。现就周邦彦的《插竹亭记》及相关问题探讨如下。

## 一、《插竹亭记》的写作时间

《宋史》称周邦彦"知溧水县，还为国子主簿"。说明周邦彦在离开溧水后，就回到京城担任国子主簿去了。历代研究者对周邦彦在溧水离任的时间有绍圣二年（1095年）十一月、绍圣三年（1096年）、绍圣四年（1097年）等说法。周邦彦《插竹亭记》称："绍圣三年，作插竹亭，余为题其榜，又记其异。"说明周邦彦在绍圣三年时还在溧水。据南宋《景定建康志》卷二十七，史改之作的《溧水县厅壁记》记载：周邦彦是"元祐八年（1093年）二月到任"，而后一任知县名叫何愈，是"绍圣三年三月到任"。这说明周邦彦的《插竹亭记》作于绍圣三年（1096年）的一月至三月间。它也为周邦彦离开溧水的时间提供了铁证。

## 二、《插竹亭记》的版本

目前发现的《插竹亭记》有两种版本。第一种是插竹亭《俞氏宗谱》本。插竹亭《俞氏宗谱》共二十八卷，俞济川纂，清光绪二十五年（1899年）木活字本。现藏孔镇乡大王埭。此谱中收有周邦彦所作《插竹亭记》。刊于《溧水古今》第四辑：

插竹亭记

皇祐三年，俞君于美舍町疃植花，以断筱扶立之。既而花熳筱茂，掘之得根苞焉。移植先垄，又移于外圃，皆活。后数年，大者悉中榱桷。凡根株惟竹难迁，迁必以良日，并置故土，随所向背，傍设倚据，以防倾萎，犹或不生。而俞氏之筱初离燔燎，斩取其半，侨刺土中，决无可生之理，遂能滋植，盖亦异矣！俞氏世宦，巨室望也，长田其远族，中山其近属，独君美好礼而寿，有子孙耽学能世其家，其世祀殆未乏也。诗不云乎，如竹苞矣，如松茂矣。物之坚久晚茂，能阅众朽，莫过如此。而竹能无根而苞，其祥又可知矣。绍圣三年，作插竹亭，余为题其榜，又记其异，冀勉其子孙焉。

第二种是《溧水县志》本，见于 2003 年溧水县政协出版的明万历《溧水县志》点校本。

### 插竹亭记

皇祐三年，俞君美于其舍植花，以断筱扶立之。既而花起筱茂，掘之得根苞焉。移植先垄，又移于圃中，皆活。后数年，大者悉中榱桷。凡根株惟竹为难迁，迁必以良日，并置故土，随所向背，旁设倚据，以防倾萎，犹或不生。而俞氏之筱初离燔燎，斩取其半，侨刺土中，决无可生之理，遂能滋植，盖亦异矣！俞氏世宦，富为乡闾之望，居中山俞姓者，莫非其族，独君美好礼而寿，有子孙耽学能世其家，其世祀殆未乏也。诗不云乎："如竹苞矣，如松茂矣"。物之坚久晚茂，能阅众朽，莫过于此。而竹能无根而苞，其祥又可知矣。绍圣三年，作插竹亭，余为题其榜，又记其异，冀勉其子孙焉。

原文中缺"苞焉。移植先垄，又移于圃中，皆活。后数年，大者"等18个字。后据清顺治《溧水县志》补全。

《溧水县志》本与《俞氏宗谱》本在文字上有两个重大的差别。

第一，是文章的开头。《俞氏宗谱》本为"俞君于美舍町疃植花"，叫人看不清插竹护花的人是谁。而《溧水县志》本作"俞君美于其舍植花"，指出插竹护花者名叫"俞君美"。因为文中还有"独君美好礼而寿"之句。

还有，"町疃"指禽兽践踏的地方，所以才"以断筱扶立之"。前后文相呼应。所以《俞氏宗谱》本有优势。

综合两种版本，我以为可改为"皇祐三年，俞君美于舍町疃植花"，比较接近于周邦彦的原作。

第二，是《俞氏宗谱》本为："俞氏世宦，巨室望也，长田其远族，中山其近属"。而《溧水县志》本为："俞氏世宦，富为乡间之望，居中山俞姓者，莫非其族"。

这就涉及俞氏家族的历史。溧水俞氏，祖居河北省河间县。西晋"永嘉之乱"时，迁居到浙江省的新安（今淳安）长田。北宋时，俞洪携孙俞瑶迁来溧水山阳乡，在今土山铺定居。明代末期，俞林从土山铺迁到今孔镇的大沟俞村。现在俞氏族人散居于溧水境内的有孔镇竹园，和凤的俞家、前西瑶，渔歌的傅家边，东屏的丰安寺等地。

俞氏一族在宋代出了许多进士。新安长田一支在北宋神宗时因俞献可、俞希孟、俞师锡等接连考中了十名进士，被称为"十榜传家"。而溧水一支，从北宋天禧三年（1019年），出了第一位进士——俞达，官至广西布政使右参之后，也相继出了多名进士。所以周邦彦称"俞氏世宦，巨室望也，长田其远族，中山其近属"，一点也没夸张。

综合两种版本，我认为《俞氏宗谱》本更接近于周邦彦的原作。而《溧水县志》本为了回避浙江长田而专指溧水，所以将原作做了改动。

我认为以下的《插竹亭记》更接近于周邦彦的原作：

插竹亭记

皇祐三年，俞君美于舍町疃植花，以断筱扶立之。既而花熳筱茂，掘之得根苞焉。移植先垄，又移于外圃，皆活。后数年，大者悉中欀桷。凡根株惟竹难迁，迁必以良日，并置故土，随所向背，傍设倚据，以防倾萎，犹或不生。而俞氏之筱初离燔燎，斩取其半，侨刺土中，决无可生之理，遂能滋植，盖亦异矣！俞氏世宦，巨室望也，长田其远族，中山其近属，独君美好礼而寿，有子孙耽学能世其家，其世祀殆未乏也。诗不云乎，如竹苞矣，如松茂矣。物之坚久晚茂，能阅众朽，莫过如此。而竹能无根而苞，其祥又可知矣。绍圣三年，作插竹亭，余为题其榜，又记其异，冀勉其子孙焉。

## 三、关于"插竹护花，竹活且茂"的异迹

周邦彦在《插竹亭记》中，记述了俞君美在家旁植花，插竹以护花，竹活且茂的异迹。细读《插竹亭记》，既有"记异"之笔，也有"存疑"之惑。此事发生在四十多年前的皇祐三年

（1051 年）。据说，这位俞君美是俞氏迁溧水后的第九代孙。他家当时居于何处？已无从考证。对于"插竹护花，竹活且茂"的异迹，也只是听其族人之口述。因此，周邦彦作此文，其用意无非是借"竹苞松茂"之即景，作俞氏先世"积德召祥"之赞颂而已。今日之人读此文，可了解周邦彦与溧水这一古迹的故事，而大可不必细究"插竹护花，竹活且茂"的真伪。

## 四、插竹亭的位置

明万历、清顺治、乾隆《溧水县志》均载："插竹亭故址在县学东南，今废。"

溧水儒学建于唐代，曾多次搬迁，位置共有三处：一、唐代县治东，即今城隍庙旧址东侧，即今实验小学处。二、大东门内，即今溧水宾馆处。三、大西门与小西门之间的朝元观旧址。我们不知此处指的是何时的县学。清光绪《溧水县志》卷十九《名胜志》载："插竹亭故址在小东门外岗脊。"由此可知，"插竹亭故址在县学东南，今废。"中的"县学"应是唐宋间的县学，位于今实验小学处。所以我们可以明确地说，插竹亭的故址约在今实验小学的东南面。

清光绪《溧水县志》卷二十："草庵，在小东门外，旧名插竹亭。乾隆年间陈永康舍基，僧自成改建。今废。"

这说明，最迟在明万历年时插竹亭已毁，清代乾隆间在原址建了草庵。

20 世纪 70 年代，通济街南侧有个红花书场，书场旁有个小猪行。在红花书场与小猪行的东侧有座已残破的大瓦房，这座瓦房的门头上有用砖雕的"竹苞松茂"四字。大致在今金潭眼镜店的位置。此处房子也许与俞氏或插竹亭有一定的关系。或许这正是当年插竹亭的位置。

有人认为，此地并无"岗脊"，其实是民国年间修建京建公路（即后来所称的宁望公路）时将这一段岗脊挖平了，使通济街向东沿伸了一段。所以插竹亭的位置也到了今通济街旁。

## 五、插竹亭被毁的时间

明成化十四年（1478年）的状元曾彦（字士美，江西泰和人。历任翰林院修撰、南京翰林院侍读等职）曾作《题俞氏插竹亭》诗一首：

题俞氏插竹亭

护花曾插竹，竹盛任花衰。

不假栽培妙，何应造化私。

先茔分露种，老圃带烟移。

数亩云欺渭，千竿雨胜淇。

此君终正直，稚子更清奇。

始兆三公显，今开百世基。

每惊龙变化，快睹凤来仪。

谁识亭中趣，清风我独知。

曾彦卒于弘治十六年（1503年），由此可知这座插竹亭经过宋、元，直到明代中期的成化、弘治年间仍然存在。但明万历、清顺治《溧水县志》均载："插竹亭，……今废。"说明此亭在明万历之前已毁。

## 六、插竹亭与溧水俞氏十进士

提起插竹亭，人们自然会想起溧水俞氏在北宋曾出了多名进士。据《溧水县志》记载，俞栗是崇宁四年（1105 年）的状元。中状元的时间是在插竹亭建成十年之后。于是人们将俞栗中状元与插竹亭的兴建产生了联想，仿佛在冥冥中有了某种关系。有必要在此作些探讨。

首先讲一下状元俞栗。有朋友曾对我讲，他查了有关中国状元的书，发现并没有俞栗的名字。2010 年 6 月 5 日，我趁到上海参观世博会之际到嘉定一游。在嘉定文庙参观了《上海科举博物馆》，馆内有《历代状元榜》，其中的确没有俞栗的名字。

其实，俞栗是上舍生释褐第一名，而非考进士的第一名。俞栗是太学生。在宋代，举人或太学生易粗布衣而服官服，称释褐。《溧水县志》称俞栗"以上舍赐进士第一"。北宋时太学分上舍、内舍和外舍三等。自崇宁元年（1102 年）起，各州学每三年可贡上舍生一人。根据考试成绩分舍。太学又举行上舍试。太学上舍生积分和上舍试皆列优等者在化原堂释褐，赐给袍、笏，称"两优释褐，其分数最高者一人为释褐状元"。俞栗是上舍生释褐第一名，也称状元，但不在考进士的状元榜上。

在明万历《溧水县志》选举表和清顺治《溧水县志》科贡表中，北宋进士只有俞栗、魏良臣和朱虑三人。直到清乾隆《溧水县志》卷七，选举表中才收有俞氏十进士的名单。清光绪《溧水县志》沿用了乾隆《溧水县志》的内容，只作了一些小调整。它们的缺点是对中进士各榜的具体时间记载得不清楚。这次参考了《宋朝历科状元榜眼探花进士录》，才第一次查清了俞氏十进士登第的具体时间。

俞栗何时中状元？清光绪《溧水县志》中共有两种说法。

一是，俞栗在崇宁间中状元，见于《宋史·俞栗传》及《景定建康志》卷三十二《儒学志五》之《进士题名》，和明清《溧水县志》的选举志、科贡表中。有崇宁四年和崇宁五年两种说法。清光绪《溧水县志》卷十一《人物志》载："俞栗，字祗若，崇宁间以上舍赐进士第一。"

二是，俞栗在熙宁年间中状元。清光绪《溧水县志》卷九《选举志》："俞栗，字祗若，熙宁间以上舍赐进士第一。"清顺治《溧水县志》卷八，在俞栗作《十榜传家记》中自称："俞栗，字祗若，以诗登熙宁九年（1076年）状元。"

我们有必要相信《宋史》这样的正史；但对俞栗来说，他中状元的时间是再也不会记错的。两者之间只能取其一。

现将俞栗作《十榜传家记》转引如下：

俞遵，字良弼，以《诗》登天圣宋郊（宋庠，原名郊）榜进士，官武昌军节度推官，试秘书省校书郎。俞达，字良佐，以《易》登天禧王整榜进士，官至广西参政。俞珹，字汝佩，以《书》登冯京榜进士，授广州府连州知州。俞珏，字汝璧，以《书》登冯京榜进士。授河南府知府。爵赠兵部尚书。子栗。

俞仲翁，以《书》登张衡（章衡）榜进士，授兵科给事中。有爵赠翰林侍读学士。子逢。俞彻，字恒若，以《书》登许将榜进士，任南阳府邓州内乡县尹。俞栗，字祗若，以诗登熙宁九年状元。屡升至述古殿大学士、兵部尚书。俞逢，字颐迎，以《诗》登张滔（焦滔）榜进士。官至翰林侍读。俞宣，字聊布，以《诗》登毕渐榜进士，授刑部主事。俞乔，字自升，以《书》登何涣榜进士。授监察御史。

我参考了《宋朝历科状元榜眼探花进士录》对《十榜传家记》作了校对，将修改后的文字放在括号内。并据此制作了下列《溧水俞氏十榜名单》。

溧水俞氏十榜名单

此名单与清光绪《溧水县志》卷九《选举志》排列的顺序是相同的。若按俞栗在崇宁四年（1105 年）中状元的话，俞逢和俞宣就要在俞栗之前登进士，与《十榜传家记》的排列顺序不合；如俞栗在熙宁九年（1076）中状元的话，就符合《十榜传家记》的排列顺序。另外，俞栗是俞珏之子，俞珏是皇祐元年（1049 年）的进士，如俞栗在崇宁四年（1105）中状元的话，父子俩登第时间相差 56 年，似乎太长了一些。如俞栗在熙宁九年（1076 年）中状元，父子俩登第时间相差 27 年，似乎更接近真实。（在表中，俞仲翁与俞逢父子俩登第时间相差 28 年）所以，取俞栗在熙宁九年中状元之说。

现在我们知道，到北宋元祐八年（1093 年）周邦彦（字美成）来任时，在这七十多年间，溧水俞氏已出了俞达、俞遵、俞瑊、俞珏、俞仲翁、俞彻、俞栗、俞逢等八位进士。这时在溧水县城居住的俞氏已是一个很大的家族。周邦彦称"绍圣三年（1096 年），作插竹亭"，就不应是某家个人之行动，而应是俞氏家族的行为。插竹亭也不应该位于某人家的后花园的亭苑，而应是由俞氏出资、出地，建成后供溧水人士公共使用的一座亭子。插竹亭建成后的第二年，溧水俞宣中了进士，宣和三年（1121 年）俞乔又中了进士，状元俞栗为此曾作《十榜传家记》（又作《俞氏释褐题名记》），一时传为美谈。

不知何时，溧水俞氏以插竹亭为堂号，重修的族谱也称为溧水插竹亭《俞氏宗谱》。

## 七、关于状元俞栗

俞栗是溧水出的第一位状元，《宋史》中有俞栗传，传称：

俞栗，字祗若，江宁人。崇宁四年，以上舍生赐进士第，签书镇南军判官。未赴，为辟雍博士、秘书省正字、吏部员外郎、起居舍人，兼定、嘉二王记室，擢中书舍人。居三月，进给事中、殿中侍御史。毛注建议罢增石炭场，栗驳其非。除显谟阁待制、知蔡州，明日复留。逾年，竟出为襄州。还，拜给事中，上言："学校，三代之学也。然崇宁四年以前，议者以为是，五年，则非之；大观三年以前，议者以为是，四年，则非之。岂学校固若是哉？观望者无定说尔。必使士有成才，人无异论，事之不美者不出于学校，然后为得。"言颇见行。

蔡京再相，憾向所用士多畔己，叶梦得言栗独否，遂拜御

96

史中丞。陈士风六弊，又发户部尚书刘炳为举子时阴事。京方倚炳为腹心，戾其意，改栗翰林学士。迁兵部尚书，以枢密直学士知开德府。石公弼在襄州，以论衔前事谪言者，谓栗实倡之，罢，提举崇禧观。竟以毁绍圣法度，贬常州团练副使，安置太平州。行未至，复述古殿直学士、知江宁府，卒。

《至正金陵新志》卷十三也为俞栗立传：

俞栗，字祗若，溧水人，中上舍释褐第一人。初授承事郎秘书正字，转起居舍人给事中，极论丞相蔡京，不合，出为润州，改襄阳府。鹿门寺有田千顷，牛千头，僧饶于财，无戒行，栗乃奏改禅院，赐额，分其田半为官田，岁改租万斛，以助军储。一年召赴阙，言："官吏苟且成风，不肯予夺，公事盖虑不当，将来罪有所归。及百姓诉县不当公事，本州不与予夺，复送本县，依条施行。诉州不当公事，监司不与予夺，复送本州依条施行。且百姓冤抑，强有力者，能自诉于县诉于州诉于监司，亦不过送本县依条施行；贫穷孤弱之人，冤抑虽甚，何从申诉。窃虑上干阴阳之和。"又言："外方最要切者监司守令，愿戒谕三省，谨择监司，俾表率州县，天下幸甚。"上嘉其言，赐对衣金带，再试给事中，除御史中丞、翰林学士知制诰、兵部尚书。在朝知必尽言，上每嘉纳，多所匡正。蔡京复以栗多忤意，奏出知河阳，改开德府。章屡上，责授常州团练副使，太平州安置。政和八年，复除显谟阁待制，知潭州，以母病陈乞就近便，改知建康。到任转朝奉大夫、述古殿直学士，未几致仕。子孙后多显官。

除此之外，我们还知道如下情况。

第一，据《至正金陵新志》卷十三称：俞栗为进士俞珏之
子，他的儿子名焯，他的弟弟名棠。在清顺治《溧水县志》卷
七有一段俞栗五世孙女的故事，也有述异的意味。现转述如下：

俞氏，宋状元俞栗五世孙女也，居崇贤乡。父俞旭，母陈氏，
生子七人。女行三，幼字庠生周辂，将适，辂夭。氏立志不贰。
父母亦不能强，拨田八亩与氏守贞。勤苦纺织，积金数十，舍
造神山庵桥。将终，以所拨田亦舍在庵，以延香火。享年八十
余，卒葬父母侧。亡不数日，各村祭祀，有神人附人言曰：俞
氏为闪电娘娘，尔各村宜俱祀焉。女故成化丁亥十月。有墓碑。

第二，据明万历《溧水县志》记载，政和七年（1117 年）
俞栗回到故乡溧水。他到了插竹亭前，细读了周邦彦所作的《插
竹亭记》，并在碑末题字："孙男朝请郎充显谟阁待制提举江
西太平观，赐紫金鱼袋栗谨题。政和七年六月十三日"。

第三，据《景定建康志》卷十三记载，"政和八年，俞栗
以述古殿学士知府事。"当上了建康的知府，即曾当上了溧水
的父母官。

第四，据清顺治《溧水县志》卷八记载，当年右丞相蒲宗
孟曾撰《状元俞栗像赞》：

魁名天下，释褐一人，入司文翰，出摄兵权，对衣金带，国士无双，诚显谟阁，述古殿之再造英雄。

俞栗画像

第五，俞栗去世后，葬于溧水。明万历《溧水县志》卷五称："尚书俞栗墓，西一十五里，琛山麓。"墓侧还有以俞栗命名的大塘。清光绪《溧水县志》卷二："尚书塘，西十五里琛山北，周数十亩，渊深莫测。虽大旱亦不涸，可灌田百顷。"

第六，为旌表俞栗，北宋时于溧水县城内敕建状元坊（今中大街状元坊处）。该坊经宋代和元代后，于明正德八年（1513年）修葺如新。清代曾于康熙六十年（1721年）、乾隆三十九年（1774年）、嘉庆二十四年（1819年）、光绪七年（1881年）四次修葺。抗日战争爆发后毁于日军兵焚。

宣和三年（1121年）俞宣中进士后不久，发生了靖康之变，北宋灭亡。从此，溧水俞氏再也没出过一名进士，插竹亭留给人们的也只是对往事的怀念了。

# 两个周邦彦

一

2008年3月18日，母校在我倡议下于校园中重建的插竹亭终于竣工剪彩。

在此之前，我请著名作家、国家文化部原部长王蒙为之题写了匾额，又请著名作家王充闾、著名书法家恽建新、吴振立等为之撰书了楹联，还请校友、书法家张玉海为重刻的周邦彦之《插竹亭记》书丹，而我自己则以校友的身份为之撰书了《重修插竹亭记》……我之所以乐为这一切，是因为早在十多年前，

插竹亭全景

100

我还在母校任教时，就曾多次倡议在校园里重修这座亭子了。

插竹亭是故乡一处于史有据的胜迹，初建于北宋皇祐年间，后被历史的烟尘所淹。据史载，它的原址就在母校附近（甚至还有可能就在校园内）。当然，我当初之所以不断倡议重建此亭，并非仅仅因为这一点，更因为这座亭子与两个著名的人物有关，一位是北宋著名词人周邦彦，还有一位是本地的一位先贤俞栗。

然而我的倡议一直未能如愿，究其原因，竟也正是因为亭子与周邦彦有关。

有人认为作为文学家的周邦彦虽然因被贬而做过本县县令，但原本只是个风流才子，况且他被贬的原因也并不光彩：

传说周邦彦在京城得官后，原本一惯风流的他，携着得意的春风

周邦彦画像

常常光顾京城名妓李师师的香楼，并乐为其度曲填词。而李师师对于周邦彦也是由羡其才而慕其人。一来二去，两人你情我愿，打得十分火热。但同时李师师还与当朝皇帝徽宗有暧昧。一天晚上，周邦彦正在李师师处天地一家春，忽然有人来报："圣上来幸！"且驾已到楼下。周邦彦留自然不是，但走也来不及了，情急之下只好躲到了床下，大气也不敢出。

宋徽宗果然说来就到了。

原来当晚宋徽宗得到江南进贡的新橙，想让李师师尝个鲜，

便半夜亲自送来了。这当然让李师师大为感动。当橙子尝过后，徽宗说由于他今天龙体不适，就不留宿了。此时李师师当然知道床下还躲着个周邦彦，徽宗说要走，自然是正中下怀，但是如果就此送驾，又怕引起徽宗怀疑，便以夜深路滑为由加以挽留。而躲在床下的周邦彦，自然是把这一切都听得真真切切。好不容易等到李师师将徽宗送走，周邦彦从床下爬将出来，除了吓出了一身冷汗外，竟还将所听到的情节度成了一首《少年游》的新词：

　　并刀如水，吴盐胜雪，纤手破新橙。锦幄初温，兽香不断，相对坐调笙。　　低声问："向谁行宿，城上已三更。马滑霜浓，不如休去，直是少人行。"

　　李师师当然很快便学会了演唱这首新词。
　　不久，宋徽宗又幸李师师，命李唱新曲，李师师不经意间竟将这首《少年游》唱了，宋徽宗一听，对其中所描写的细节心知肚明，便问此词何人所填？李师师这才知惹了大祸，但只得如实相告是周邦彦。宋徽宗自然是妒火和怒火一起心中烧，但又不便明着发作，便跟宰相蔡京说，听说开封府监税周邦彦工作不力，工作任务完成得不好，开封府尹对于这样的人为何不上报处分呵？蔡京丈二和尚摸不着头脑，说：得让我找开封府尹去核查一下再作秉报。府尹更是不知头脑，一番调查后便如实相告蔡京，周邦彦的税额任务是同类官员中完成得最好的。蔡京说，这也要处分……这是圣上的意思……于是周邦彦便被

102

贬出了京城，去江南小县溧水当了县令。

临行时李师师少不了要去送行，周邦彦又填一首《兰陵王》的新词送给李师师，意在表达自己离京时的伤心和痛苦。

周邦彦被贬后，李师师觉得此事多少是由她而起，觉得有点对不住周邦彦，便时时想着要为他做点什么。一日，宋徽宗又幸李师师，她便将那首《兰陵王》唱给徽宗听，由于词写得确实是情真意切，再加上李师师唱得又特别动情，宋徽宗终于被打动了，于是便召回周邦彦，让他做了大晟府乐正，后又升为大晟府待制。

这个故事我在很小的时候就在老家听人讲过，后来又看过浙江省越剧团的一出新编历史剧《少年游》，它大体上也是以此为素材的，因此对它的真实性在很长一个阶段内并没产生怀疑。如果周邦彦真是如故事中的这样的一个人，我们今天在一座中学校园里重建一座与之有关的建筑显然是不合适的。

然而，周邦彦真的是这样的一个人吗？他被贬溧水真的是如此具有戏剧性吗？

二

宋哲宗元祐二年（1087年），这一年的江南，春天似乎来得有些晚，本该早已是"春风又绿江南岸"的时节了，但大江两岸还只是"草色遥看近却无"，呼呼的江风还带着几分料峭的寒意。江上一条鼓足风帆的客船急速顺流东下，当行至江宁（今南京）城西的石头城下的江面时，终于收起了帆，并渐渐靠上了城下的码头。船工放下跳板，一位中年书生从客舱中走了出来，并沿着跳板下了船。当然身后还有三两随从。

　　码头上的两辆马车和两三个官差模样的人似乎在那儿等候多时了，但书生走上码头后并没有急着上车，而是拨开嘈杂而混乱的人群径自走去——也许他在船上坐得时间太长了，想走一走松松筋骨吧！于是一辆马车在装船上卸下的行李，另一辆则在他身后慢慢地跟着。

　　码头离城并不远，通向城里的路自然也不长，但路两边店铺却很多，几乎是一家挨着一家，看上去有点乱，不过这与永远都乱糟糟的

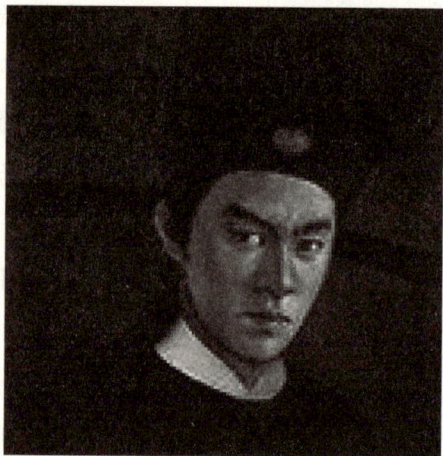

宋哲宗画像

码头倒也十分协调。店铺以卖包子、馒头和馄饨之类的小吃店为最多，但也有门口挂着红灯笼的酒楼。此时已近傍晚，有店家已在为那些店门口的灯笼上蜡了。

　　一阵丝竹之声不知从哪一家歌楼的窗口飘出，当然还有和着丝竹的轻唱："一夕东风，海棠花谢，楼上卷帘看……"书生听到了，不禁放慢了脚步，似寻声凝望。

　　"老爷，这不是您去年新填的那首'少年游'吗？都传唱到这儿了！"跟在他身后的一名随从紧走几步凑到了他面前说。

　　"是呵，我也正有些吃惊哩！"说着，书生停下了脚步，仰天长叹一声，举手掀起车帷，一抬腿上了车。

这时，后面装行李的另一辆马车正好赶了上来。于是车夫吆喝一声"驾！"一阵响鞭后，两辆车便一前一后地向城中驶去……

这是今天我凭着自己的想象所作的一次情境再现，情境之中的书生不是别人，正是北宋大词人周邦彦，此为他从荆州前去溧水上任县令时的情景。

北宋时，溧水是江南路江宁府治下的一个小县，荆州与江宁有长江相连，周邦彦自然是买船东下先到江宁，打算在江宁府报过到后再转旱路前去溧水。

周邦彦这个名字，有些人或许并不是太熟悉，大学中文系的文学史教材上对他是这样介绍的：

"周邦彦（1056—1121），字美成，号清真居士，浙江钱塘（今杭州）人。北宋后期著名词人。少年时落魄不羁，曾沿江西上，客游荆州。后来在太学读书，因献《汴都赋》得官……"（游国恩等《中国文学史》）

这样的介绍大体上并无错谬，只是我在再现情境之后引出它来，读者或许会问：他这一次为何又从荆州而来，难道又曾去那儿"客游"了吗？他"因献《汴都赋》得官"，得的是什么官，难道就是这将要上任去的"溧水令"吗？如果是这样，新官上任的他该是一路春风才对呵，为何你把他的神情描写得如此落落寡欢呢？

的确，周邦彦这次好歹也算是升了官，因为在荆州三年，他事实上一直赋闲，此时升任一县县令，也算是有职有权了。但是，他此时的心情是一点儿也得意不起来，相反是更加的落寞而复杂。要知道六年前他可就是京师太学堂堂的太学正了！太学有点儿类似今天的国家社科院，太学正这个官在当时属于中枢之九寺五监系列，有点如今天的研究生院院长或副院长之类，在我们今天看来好像并无多少实权，但是级别不低呵！在当时许多人的眼里那是一个前途无量的职位。我们这里不妨将之与其他同时代人作个横向比较：周邦彦有个叔叔周邠，周邦彦做太学正时，周邠已中进士二十多年了，但也只是一直在地方做着县州一级的官，想做京官似乎还没有日子；大名鼎鼎的黄庭坚，也已中进士近二十年了，但多数时候也只在州县一级做地方官，在京城里做过的最大的官只是国子监教授；晁补之的运气要好一点，他中进士十多年后便做到了京官，但也只是国子监教授；至于同样是大名鼎鼎的秦观，同年才考中进士，而他此时已三十七岁，比周邦彦还大七岁哩。由此看来，对于一般人来说，就算你考上了进士，要想当上京官，似乎也有很远的路要走，而周邦彦并没中过进士便当上了太学正，这意味着什么？那么周邦彦是凭什么当上这个让天下读书人都眼红的太学正的呢？

一般人升官的途径不外乎有两条：一条是通过科举，另一条是高官保荐。但周邦彦既没通过科举，也没人力荐，他走的是一条什么路呢？原来是一条令作为读书人的他骄傲无比但决非人人走得通的捷径。

宋神宗熙宁（1075 年）八月，汴京城修筑工程全面展开。

这无论是对于宋神宗来说还是对于他治下的大宋朝来说，都是一件大事。这项工程历时三年，终于在元丰元年（1078年）十月竣工。两个多月后，周邦彦来到京城太学做了一名太学生，这似乎注定了这项浩大的工程要与周邦彦发生某种关系，后来事实证明，它正是历史有意留给周邦彦的一个出人头地的机会。

工程竣工后，照例有许多达官贵人、文人雅士为讨皇帝欢心而进一些歌功颂德的辞赋，然而竟没有一篇入得文章行家宋神宗的法眼。六年过去了，神宗一直觉得没有一篇能与他这项浩大工程相配的辞赋，实在是一件憾事。就在此时，他看到了周邦彦献上的《汴都赋》，眼前不禁一亮，于是龙颜大悦，遂令宰相立即把太学生周邦彦召到政事堂，"询以政事"，并直接授予还是一名太学外舍生的周邦彦试太学正的官职。

因此文学史书上说他"因献《汴都赋》得官"，是一点不错的。

仅仅因为一篇文章，周邦彦就省去了许多要出人头地而必须走的路，这不能不说他实在是太幸运了！而且对他如此赏识和器重的不是别人，而是皇帝！且是一位有着文学爱好的皇帝。事实上，宋神宗也的确对于那些以上书献文而被提拔的官员似乎有着一种特别的垂顾，也正是在他的

宋神宗画像

垂顾下，那些官员没有一个不是官运亨通、平步青云的。一个最典型的例子便是也曾是太学生的钟世美，他于元丰元年（1078年）十一月上书，神宗读后龙颜大悦，不久便破格提拔他作了试校书郎、睦州军事推官、太学正等。到了元丰四年（1081年）四月，不到三年的时间，便做到了承务郎、中书户房习学公事等，身份也从选入初等职官变为京官。宋代的官制原本有着严格的规定，其中有一条就是，必须有过担任县令的经历，并且要经过三任六考，无不良记录，才能经过吏部改官。我们都很熟悉的另一位词人柳永（原名三变），便是因为他的名字让仁宗看着不舒服，吏部便不让他改官，他最终也只能在地方小吏的位置上调来调去。但像钟世美一样，得到了皇帝的赏识，一切便都另当别论了。由此看来，周邦彦的前程可谓是一片锦绣，富贵荣华只是个时间问题。

## 三

然而周邦彦为何又落魄地走在被贬的道路上，最终走向江南小县溧水了呢？

上面那个广为流传的故事似乎正可回答这个问题。这个故事最早出于张端义的《贵耳集》（卷下），并被王国维先生早已证明，此实属"小说家言"。

不过周邦彦被贬并非小说家言，而是确确实实的事情，只是他最初并非就被贬到溧水做了县令，而是先于宋哲宗元祐二年（1087年）二月做了庐州教授，三年后又被贬荆州，在那儿具体做什么至今已无法查考，只知道他在那里一呆又是三年。

也就是说，当周彦邦被调溧水为令时，他已被贬出京城整六年了，并非如小说家言那样，是被贬后不久就因李师师的帮忙又回到了京师。

那么周邦彦到底是为什么被贬的呢？这个问题与封建时代的许多官员被贬一样，本身就很难说清——甚至连当时的周邦彦自己也很难说清；再加上至今已事隔近千年，要想真正说清则是更难的一件事了，但因事关几位历史上的著名人物，所以留给我们的线索并不是太少，只要我们稍稍细心地理一理，大体上还是可以理出一点儿头绪的。

那么这几个著名人物到底是哪几位呢？除去皇帝不算，我们不能不提的有：王安石、司马光、苏东坡以及"苏门四学士"的黄庭坚、秦观、张耒、晁补之等——这些名字，似乎占去了北宋的半部文学史和文化史。

正是因为这么多名字同时出现在了同一段历史上，这段历史便注定了它的热闹和复杂。

元丰八年（1085 年），也就是周邦彦坐上太学正的位置的第二年，年仅三十八岁的宋神宗在三月份突然驾崩，哲宗即位，由太皇太后"权同处分军国事"。在一个男权社会里，政治中心一旦走进个女人，马上便会更加地热闹而复杂起来，这一次也不例外。

说到北宋大概不会不知道宋神宗和王安石变法。如果再对历史感兴趣一点，甚至还会为王安石变法的失败而扼腕，觉得若是成功，说不定中国便能从那时就走上国家资本主义的道路了。然而王安石变法终究失败了，失败的直接原因看起来是所谓旧党的反对，那么这些旧党的主要人物是谁呢？正是司马光、苏东坡等。许多人都为此而不解——这些名字都是中国历史上与王安石一样闪光的名字呵，怎么会是他们最终让这个在今天我们看起来很不错的"新法"失败了呢？然而这就是事实，就是历史，是任何人也改变不了的。

第一个走到前台反对王安石变法的是司马光。他从洛阳出发，带着他花了十数年心血编成的《资治通鉴》回到京城，将它献给太皇太后和刚登基的哲宗，同时递上的还有一份措辞激烈但又不失巧妙的奏折，其在控诉了新法的种种罪过后写道：

当此之际，解兆民倒垂之急，救国家累卵之危，岂暇必俟三年然后改之哉？况今军国之事，太皇太后陛下权同行处分，是乃母改子之政，非子改父之道也，何惮而不成哉？

是的，太皇太后是神宗的母亲，母亲要改儿子的政策，有什么不可以的？这一招不但为太皇太后消除了顾虑，也为哲宗有可能背上改变父亲成法的罪名提前作了开脱。这一切自然是正中太皇太后的下怀。

司马光果然很快当上了宰相。

几乎与此同时，苏东坡也来到了京城。

苏东坡与太皇太后是有着一种特殊关系的。当年苏东坡中进士，先祖皇帝当晚便以枕上密语的方式亲口对太皇太后（当年只是皇后）说过"为子孙寻得一宰辅之才"的话，正是因为她牢记着这句话，"乌台诗案"时，苏东坡因"罪大恶极"几乎是死定了，是她力保才刀下留人的。现在太皇太后手掌大权，苏东坡自然得重用！很快，苏东坡便"复朝奉郎，知登州"，三个月后为校书郎，一个月后为礼部郎中，三个月后为起居舍人，六个月后为翰林学士——这是苏东坡一生最为平步青云的岁月——这些官职究竟是管什么的？老实说，我是搞不清楚，也不想搞清楚，但是有一点儿我很清楚，肯定是一个比一个位高权重。

苏东坡画像

与此同时，"苏门四学士"也一个个时来运转：晁补之、张耒都进入了秘书省，并担任了正职，此前黄庭坚也进入实录院任检讨官，不久秦观也中了进士，"苏门六君子"之一的徐州布衣陈师道也有了功名，并被授予亳州司户参军，李格非（李清照的父亲）也成了太学录，俨然是苏门中的后起之秀。

几乎也与此同时，熙宁宰相王安石在寂寞中去世——消息从南方江宁府传来，宰相司马光听到后说："宜优加厚礼。"仅过数月后，司马光也随王安石而去了另一个世界继续他们的争斗。

而同时，周邦彦形影相吊地离开京师太学，独自去庐州小城赴教授一职。

我们今天没有任何证据证明，周邦彦的被贬与苏东坡有直接关系，但是有一点不能不提，那就是苏东坡与"苏门四学士"及"苏门六君子"这种政治上一荣俱荣、一损俱损的事实，不能不让人们觉得，他们与其说是因为共同的文学爱好而走到一起，还不如说是因为相同的政治见解和政治目的而聚在一起的。我有时曾想：苏东坡是宋词豪放派的代表，周邦彦则是后世公认的精雅派（风格婉约）领袖，如果他们两人能走到一起，那么他们将为宋词开创出一番什么样的天地呢？

我之所以这样想，并不是一点儿根据也没有，其实周邦彦是有与苏东坡走到一起的条件和可能的。除去他们共同的文学爱好不说，与周邦彦一辈子都关系极好的叔叔周邠原是苏东坡的故交。苏东坡在杭州任通判时，杭州最早与苏东坡交往的一批文人中就有周邠，当时周邦彦在杭州已有才名，照理说是很快会得到苏东坡的奖掖而成为苏东坡门下之士的，至少是这两位词坛俊杰会因惺惺相惜而生些好感呵！然而，苏东坡似乎对周邦彦的才情置若罔闻，周邦彦呢，也仿佛对苏东坡的巨大影响异常冷漠，至少是我们今天从没看到有史料证明苏东坡说过周邦彦这方面的好话。而与之相比，苏东坡对秦观等人的推介可谓是逢人必说、不遗余力。这是让人很遗憾的事，也是很有意味的事。那么究竟是什么原因使他们两人终究没能走上同一

112

条路呢？也许我们从"苏门四学士"之首黄庭坚曾写给苏东坡的一封信多少可以得到些答案："盖心亲则千里晤对，情异则连屋不相往来，是理所当然者也。"

苏东坡与周邦彦第二次走近是多年后了。那是苏东坡任起居舍人以后不久，当时他主要分管的部门便是国子监和太学，其中有些事务他还亲自处理，而那时周邦彦正任太学正。那么此时作为同僚的周邦彦与苏东坡究竟关系怎样呢？由于缺乏可以实证的史料，我们今天不得而知。但可知的事实是，周邦彦不久便去了遥远的庐州小城。

有人推断，被贬的周邦彦，只是"元祐党争"中被祸及的池鱼而已，同时这也是注定了的。原因很简单：你周邦彦是神宗破格提拔的，现在神宗死了，天下是哲宗的了，事实上是太皇太后的，太皇太后要"改子之政"，一切都得颠倒一下，原来在朝的新党现在都得下野，原来在野的旧党现在都得回朝。虽然周邦彦似乎既不是新党也不是旧党，但是你毕竟是神宗提拔的，神宗是支持新法和新党的，所以在旧党眼中似乎总有点倾向于新党，所以也得"下台"！

如果真是这样，不难想象，周邦彦当初离开京城时，心里除了落寞，一定还有窝囊，也可能还有愤懑。好在周邦彦来溧水时，时间已过去六年了，心里当初的窝囊和愤懑似乎平息了许多，尤其是他看到一个个新党的下场比自己还糟，此时此刻走在去溧水的路上，虽然落寞自然还有，因为他毕竟不知道自己这样漂零的被贬生活何时是一个尽头，但已经有心情驻足倾听歌楼上传出的歌声了，再加上他要去的那个小城溧水，又让他心里多了几分安慰甚至向往，因为那个地处江南一隅的小城他并不陌生。仅仅十多年前，他的叔叔周邠，就曾在溧水当过三年县令。正是那时，周邦彦知道溧水虽然不算是什么大都名邑，但那里的风景还不错，有几处六朝胜迹，如无想寺、仙坛山等，很值得留连一番；那里民风虽有几分强悍，但总体上还是淳朴的；百姓虽不算富裕，但多数也能衣食自给。周邠当年在溧水留下的口碑还不错，这对于十年后来做他后任的侄儿来说无疑也是有好处的，至少当年与周邠处得不错的几个本地故交旧友，如溧水城东分龙岗上的俞氏一家，不会不给这位"世侄"一些关照吧！尤其让周邦彦至感欣慰的是，溧水由于离江南道教圣地茅山不远，所以道教之风很盛——他已漂泊六年，当年比天还高的心气早已被磨去得差不多了，现在的心境正与道家清静无为的思想空前地相和谐。总之，溧水或许正是周邦彦一个难得的栖身疗伤的好地方！

四

大概正是因为周邦彦在溧水期间怀着一种特殊而复杂的心境，他在溧水的三年及离开后的两年，是他一生中的一个创作高峰。不但作品多，而且较之于以前，题材更广泛，情感更真挚，无论是思想上还是艺术上都达到了他一生中的最高成就。这一点早已为后世学界所公认。

在溧水期间，周邦彦除了正常处理公务外，最热衷的有两件，一件是游山玩水，一件是搜异猎奇。当然作为诗（词）人的他，每一事他都会不忘以诗咏之，以词歌之，以文记之。

《满庭芳·夏日溧水无想山作》便是他在溧水游山玩水时留下的最著名作品，也是可以代表他一生创作思想和艺术最高水平的作品之一：

风老莺雏，雨肥梅子，午阴佳树清圆。地卑山近，衣润费炉烟。人静鸟鸢自乐，小桥外、新渌溅溅。凭阑久，黄芦苦竹，疑泛九江船。　年年，如社燕，漂流瀚海，来寄修椽。且莫思身外，长近尊前、憔悴江南倦客，不堪听、急管繁弦。歌筵畔，先安簟枕，容我醉时眠。

他的搜异猎奇当然也留下了作品。

元丰四年（1081年），有人告诉周邦彦，说县内白鹄庙边的一块石头上长出了白术，白术间又生出了一株芝草，十分稀罕。他一听说，便立即前往，并请求道正把芝术送给自己。道正答应后，他命人小心地用小斧将芝术连根连石一起取下，最后又将它作为礼物，送给他叔叔周邠作为六十大寿的贺礼。此事一时被传为佳话，周邦彦之后高兴地写了一首诗并在诗序中详细交代了此事的始末。需要特别指出的是周邦彦此间作品以诗为主，且多是篇幅较长的古风。我要提醒读者的是，正因为它们篇幅都较长，我们仅凭这一点就不难想象，周邦彦创作它们时的心情和诗技应该是同样的从容和自如。

除了作品，周邦彦在溧水还留下了一处胜迹，这就是本文前面提到的插竹亭。

溧水城东的分龙岗上居住着一俞姓大户。一日，周邦彦前去俞府拜访，见俞氏的花园中很是特别——花与竹子间栽。那些竹子原本不是有意而栽，当初是为了怕花倒伏而插之扶花的，但不曾想它们竟然纷纷长出新叶成活了，于是也就不忍砍去，只好任它们在花间生长。听了此言，周邦彦说："插柳成荫并不罕见，插竹成活却很稀奇，贵府应该庆祝和纪念一下这件稀世奇事！况且这件事说不定是贵府的一个吉兆哩！"

俞氏觉得周邦彦的话很有道理，于是不久便在园中建亭一座，名之曰"插竹亭"。由于亭是由周邦彦倡建的，他又是本县父母官，再加上他是文坛大家、词坛领袖，所以亭子建成后，俞氏自然想到要请周邦彦写一篇"记"，来记叙一下插竹亭的修造缘由和经过等。周邦彦自然也欣然答应，于是留下了《插竹亭记》一文和一段至今让溧水人津津乐道的佳话。

但周邦彦毕竟是个词人，因此周邦彦在溧水写下大量诗文的同时，写下的词更多。但是词终究是"诗余"，它多是儿女情长，是风彩萍踪，因此一不小心，他在把那些不乏香艳的词章留下的同时，也将许多真真假假的风流故事留了下来。例如：

新绿小池塘，风帘动、碎影舞斜阳。美金屋去来，旧时巢燕，土花缭绕，前度莓墙。绣阁里、凤帏深几许，听得理丝簧。欲说又休，虑乖芳信，未歌先咽，愁转清商。　遥知新妆了，开朱户，应自待月西厢。最苦梦魂，今宵不到伊行。问甚时说与，佳音密耗，寄将秦镜，偷换韩香。天便教人，霎时厮见何妨。

这首《风流子》是他这一阶段写的最为著名的一首香艳词，

116

一经问世，这样一个故事也随之诞生了：

> 周美成为江宁府溧水令，主簿之室有色而慧，美成每款洽于尊席之间，世传所谓风流子词，盖所寓意焉。……新月、待月，皆簿厅亭轩之名也。

由此看来，周邦彦在天高皇帝远的溧水，心情平和，创作颇丰，生活惬意。至于政务，只要不出乱子就是政绩，最主要的雁过留声，人过留名，而他该留的都留下了——作品、胜迹，甚至还有绯闻。

至此周邦彦是可以离开溧水了。

绍圣三年（1096 年）三月，对于周邦彦来说，这是一个真正的春天，他披着江南的春色，沐浴着一路的春光，离开溧水赴京城复命。不久便被任命为国子主簿，并从此官越做越大，其间虽也发生过一点波折，但总体上波澜不惊。

## 五

周邦彦走了，一走便是近千年，且再也没有回来过。但是，在溧水只要提起周邦彦，今天知道的人还是不少的，只是每个人想起的似乎并不是同一个人，有人会说："不就是那位会游山玩水也会写诗、填词的县令吗？"也有人会说："不就是那个喜欢偷鸡摸狗的风流才子吗？"其实他们说的都对，两个周邦彦似乎都存在，一个存在于历史的记忆中，存在于他精雅的诗词中，另一个存在于那些香艳的故事里，存在于那些离奇的传说中。

那么，两个周邦彦究竟哪一个才是真实的周邦彦呢？

我不得不一次又一次地去翻检那些代表着权威的教科书。而那些教科书中，似乎都不约而同地对周邦彦颇多微词，甚至还给了他三顶帽子，即：御用、帮闲和艳情——据此我发现，这明明是将两个周邦彦合而为一、混为一谈了！

第一顶"御用"的帽子我们暂不去说它，因为这顶帽子无论给哪一个周邦彦戴上似乎都还是合适的，以历史上的周邦彦论，他"以一赋而得三朝之眷顾"的事实，本身就很好地说明了他的确在多数时候是一个御用文人的角色；而以故事里的周邦彦，他竟敢将御制诗词写到了皇帝与情人的床下，且最终还获得了皇帝的原谅，这御用文人也算是做到了极致。再说了，正因为帽子的合适，那个故事中的周邦彦说不定还会这样想哩：御用文人又怎么了？那李白不也当过御用文人吗？不也写过"云想衣裳花想容，春风拂槛露华浓"的此类诗句吗？人们还不是同样因为他的"天子呼来不上船"而给予了他许多的尊重吗？但要说起来，李白算个什么，他敢与皇帝争风吃醋吗？不要说李白，搜遍中国历史，恐怕除了我周邦彦便再也找不着第二个了！

再来看第二顶"帮闲"的帽子，如果将它给那位故事中的周邦彦，他似乎还不够格；如果给历史上的周邦彦，似乎也不太合适。

我们还是先看一下之所以要为他准备一顶帮闲文人的帽子的原因吧！那无非是历史上的周邦彦在离开溧水提举大晟府

后，曾献给当朝宰相蔡京一句"化行禹贡山川外，人在周公礼乐中"的诗。的确，这是清真居士周邦彦永远也抹不掉的一个人生污点。然而凭此就能说周邦彦是一个帮闲文人了吗？

大观二年（1108年），对于宋徽宗来说"好事"真是太多了：正月里数万只仙鹤在京城上空盘旋鸣叫，不久汝州有一头牛生下了"麒麟"，再后来建德竹子开花结出了"稻米"……宋徽宗对于这些是深信不疑，并因此而龙颜大悦。此时，许多人争相献诗、歌功颂德。周邦彦原本是很喜欢搜异猎奇的，他早在溧水时不就写过许多记述这类事情的诗吗？但这一次周邦彦就是没有加入到这一行列中去。蔡京终于点他的将了，明确要他写些盛世颂歌，但是周邦彦却不识抬举地说："某老矣，颇悔少作！"让徽宗和蔡京着着实实地碰了一个大钉子。要不是当时徽宗心情确实好，少不了有他喝一壶的。难道周邦彦傻吗？如果真要帮闲，此时帮不是更有收获吗？他献给蔡京那两句诗，是肉麻，但当时宋军对西北羌人的军事行动确实取得了胜利，正因此洮州才进入了宋的版图，这才有那两句诗的上一联；再说当时蔡京那"制礼作乐，追隆三代"的施政方针，整天吹得山响，周邦彦这样的书呆子真当了真，这也是完全可能的，因此这下联的产生也就顺理成章了。也正因此，周邦彦献给蔡京的这两句诗，与其说是表明了他的帮闲，还不如说正表明了他的迂腐。

政和元年（1112年），徽宗与蔡京面前的红人刘昺找到周邦彦，"以白金数十斤为润笔"，并暗示自己不久将出任户部尚书，可推荐他代自己的原职给事中，目的只是请他为自己过世的祖父撰写墓志铭，但周邦彦却"拒没接受"。若以此来比之唐朝的韩愈（韩愈一生写了不计其数的墓志铭，其中不乏大量假话空话），我们不能不说，周邦彦或许也是有他的立身原则的，只是似乎都被他更为复杂的生命色彩所淹没了，他更多表现出的是一种忧世与避世、随缘又脱俗、率性而为的意气与全身保位的狡黠的矛盾。

至于第三顶"艳情"的帽子，不言而喻只能是属于那位故事中的周邦彦，而决不属于历史上的周邦彦。本文写到这里，已不用我在这里再作解释，也不用我再重复王国维等人对此所作过的严密考证。但是有一个问题我不能不在此提醒读者，大家不妨去思考一番，这就是，那一个个充满艳情的传说故事既然不属于周邦彦本人，那么为何恰恰会栽到他的头上呢？

我对这个问题的回答是：因为人们太喜欢周邦彦的词了！

人们由于喜欢李白那些上天入地的浪漫诗篇，于是真实的李白明明在病榻上病死了，但另一个传说中的李白却因为酒眼迷茫地入江捞月……

人们由于喜欢唐伯虎那风流潇洒的书画，于是真实的唐伯虎因科场舞弊案而被断了前程，显得处处小心谨慎，而另一个传说中的唐伯虎却在风流潇洒地点着秋香……

周邦彦的那些词，那样的蕴藉风流，那样的摇曳多姿，那样的儿女情长，其作者怎么能是个与我等一样的饮食男女呢？他一定有着许多的故事，那一首首词一定是他那些风流故事的记载。更何况那时，每一首能够在社会上唱红的词，都首先是在歌楼妓院中传开的，那种地方传出的东西，哪能不沾上一些

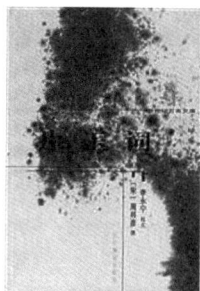

部分周邦彦研究
著作书影

那种地方的艳情呢？于是一个个与词有关和无关的"本事"产生了，也便有了另一个存在于传说故事中的周邦彦，他一会儿与皇帝争风吃醋，一会儿又把下属的妻室当作了猎艳的目标……这个周邦彦似乎比生活中的这个真实的周邦彦更可爱。两个周邦彦有关也无关，无关也有关。

对此，王国维先生曾说过，这是周邦彦的悲哀。现代学者吴世昌先生甚至愤怒地斥责张端义，周邦彦一些如《少年游》之类的词，"本只写情人晚会，与政治无关，但南宋末年文人张端义在《贵耳集》中编造本事，全是胡言。张端义行为不'端'，出言不'义'"。但我以为倒也未必，若换一个角度说，这也是周邦彦的光荣呵！试想一想，如果人们对周邦彦的词根本就不感兴趣，那么还会有人感兴趣为这些词及其作者编造一个个香艳的政治故事吗？还会有一个虽然风流、放荡、性情但又不乏可爱的故事中的周邦彦吗？只是我们有时候常常将这个周邦彦与真实的周邦彦混为一谈，还要因此而白以为是地手拿一把诸如"御用""帮闲"和"艳情"的标签，动不动就任意贴将过去——这才是周邦彦真正的悲哀！同时也是我们的悲哀！

## 六

周邦彦离开溧水后再也没回来过，在以后平步青云的岁月中，他或许连偶尔想起这个江南小城的时候也不会太多，因为他觉得那个小城从此以后与他关系不大了；再说他也实在是太忙了，忙于为皇帝制曲，忙于各种应酬，忙于升官发财……就这样过了十年后，有一天，他突然听到消息：当年本朝科考的状元是一名来自溧水名叫俞栗的江南路贡生。周邦彦突然一惊，猛然间又想起了那个遥远的小城溧水，然后用一种曾经沧海的语气与下属和同僚讲起了那个插竹亭的故事……而此时此刻的溧水，人们一定会为本县出了一名新科状元而奔走相告，也一定会说起俞家有座插竹亭，并记起周邦彦当年的吉言。

至此，插竹亭不但属于周邦彦，也属于状元俞栗了。

俞栗中状元后，起初官运似乎不错，从秘书省正字、吏部员外郎、起居舍人，一直做到殿中侍御史、给事中、兵部尚书等，而这一阶段也正是周邦彦在朝中官运亨通的时期。以我们今天猜想，他们俩既是故交又同为春风得意的在朝同僚，一定不会互不来往吧？只是在史料中却找不到一点儿这方面的记载，所以终究只是猜想而已。

然而，也就是在周邦彦给蔡京献上诗句"化行禹贡山川外，人在周公礼乐中"的前后，俞栗因"发户部尚书刘昺（就是周邦彦不肯为其祖父写墓志铭的那个人）为举子时阴事"，而得罪蔡京，先后被贬河阳知县、开德府知府、常州团练副使、潭州知州、江宁府知府等。如今，重建的插竹亭上悬有一副由当地书法家恽建新先生撰并书的对联：

插竹无心，始识凌云含物理；
栽花有意，应知傲骨顺天然。

想来这对联是写给他的吧！

政知七年（1117年）前后，俞栗以侍奉老母为由告老还乡，终老于溧水。约两年后，宋江、方腊起义；再约两年后，周邦彦去世；又约五年后，徽、钦二宗被金人所俘，北宋灭亡。

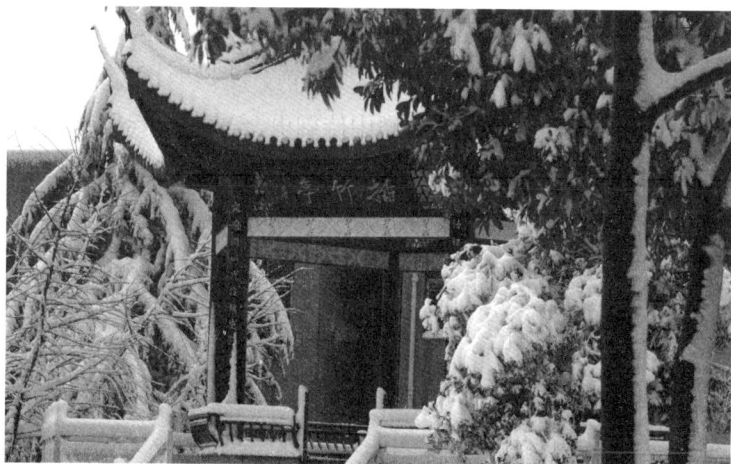

雪压插竹亭

123

# 第二节　难点

有因必有果，有果必有因。

然而"因"与"果"之间常常不但隔着时间的千山万水，更大小不成比例。谁能相信北美大陆上的一场飓风，最初仅仅是因为亚马逊雨林里一只蝴蝶翅膀的轻轻扇动呢？因与果之间就出现了难点——难解的点。

的确，我们很难从眼前那些转瞬即逝的细枝末节上发现它们与未来的联系，然而，再小的一块石子坠入水中，也会在水面形成一圈一圈的波纹，我们可以不相信石子，但怎能对波纹视而不见呢？

在这里牵扯出的，或许比那石子落水的波纹要丰富许多哩！

# 《校官之碑》碑文及注释

## [ 原文 ]

### 校官之碑 ①

盖汉兴三百八十有七载 ②，□□□于□□□□铭功，著斯金石，舁讲曰 ③：

溧阳长潘君，讳乾，字元卓，陈国长平人，盖楚太傅潘崇之末绪也 ④。君禀资南霍之祷 ⑤，有天从德之绝操 ⑥。髫髦克敏 ⑦，□学典、谟 ⑧，祖讲《诗》《易》 ⑨，剖演奥艺 ⑩，外览百家 ⑪。众俊挈圣 ⑫，抱不测之谋 ⑬，秉高世之介 ⑭，屈私趋公 ⑮。

即仕，佐上郡，位既重 ⑯。孔武纠著 ⑰，疾恶义形 ⑱。从风征暴，执讯获首 ⑲。除曲阿尉 ⑳，禽奸划滑 ㉑，寇息善欢 ㉒。履菇竹之廉，蹈公仪之洁 ㉓。

察廉除兹，初厉清肃 ㉔。赋仁义之风，修蘸坛之迹 ㉕。垂化放乎岐周，流爱双乎西□ ㉖。亲贤宝智，进直退愿 ㉗。布政优优，令仪令色 ㉘。狱无吁嗟之冤，野无叩匈之结 ㉙。矜孤颐老，表孝节贞 ㉚。重义轻利，制户六百，省无正徭，不责自毕 ㉛。百姓心欢，官不失实 ㉜。于是远人聆声景附，乐受一廛 ㉝。既

125

来安之，复役三年㉞。

惟泮宫之教，反失俗之礼㉟。构修学宫，宗懿昭德㊱。既安且宁，干侯用张，笾豆用陈㊲。发彼有的，雅容与闲㊳。钟馨悬矣，于胥乐焉㊴，乃作叙曰㊵：

翼翼圣慈，惠我黎蒸㊶。贻我潘君，平兹溧阳㊷。彬文纠武，扶弱抑强㊸。□刘鲠雄，流恶显忠㊹。咨疑元老，师贤作朋㊺。修学童冠，琢质绣章㊻。实天生德，有汉将兴㊼。尚旦在昔，我君存今㊽。即此龟艾，遂尹三梁㊾。永世支百，民人所彰㊿。子子孙孙，俾尔炽昌㉛。

丞沛国铚赵勖字蔓伯　左尉河内汲董并字公房　右尉豫章南昌程阳字孝遂

时将作吏名：户曹掾杨淮　议曹掾李就　议曹掾梅桧　户曹史贺□从掾

位侯祖□主纪史吴超□门下史吴训□门下史吴翔□门下史时球㉜

　　　　　　　　　光和四年十月巳丑朔廿一日巳酉造
　　　　　　　　　（碑上无法辨认的字迹作"□"）

126

[注释]

① 校官之碑：学宫之碑。"校官"，学宫。"官"，官舍。古代的各级学校名称不同，乡曰庠，聚曰序，郡国曰学，县邑曰校。但也有人认为"校官"是学校之官，我认为此碑是为潘乾歌功颂德的，潘乾是溧阳县长而不是校长，将"校官"解释成"学校之官"不妥。"校官之碑"应是竖立在学校的碑。

② 盖汉三百八十有七载，□□□于□□□□铭功，著斯金石：汉立国于公元前206年，"三百八十七载"后即公元181年，也即东汉光和四年。"铭功，著斯金石"，将其功绩铭刻在石碑上。

③ 畀诔曰：为他累述功德。"畀"，给以。"诔"，累述功德。古代的诔文并非专用于悼念亡者，也可以列叙死者生平事迹，或赞美其德行的文辞。

④ 溧阳长潘君，讳乾，字元卓，陈国长平人，盖楚太傅潘崇之末绪：汉代的县官，万户以上的称县令，万户以下的称县长。汉代的溧阳县（包含今之溧阳、溧水、高淳三县），不满一万户，所以潘乾只能称溧阳长，而不能称溧阳令。"陈国长平"，今河南省西华县。"末绪"，后代。潘乾是战国时楚国太傅潘崇的后代。

⑤ 君禀资南霍之祷：这句大概是说潘乾的禀赋好，非同常人。"南霍之祷"，不知何义。丁灏先生也说："'南霍'为何，难以确解。""禀资"，上天所赋予人的品性资质。

⑥ 有天从德之绝操：潘乾有上天赐予的优秀的道德品质。

127

"从"，同"纵"，即放，给予。"绝操"，最好的品行。"操"，操守、品行。

⑦ 髫髦克敏：小时候就很聪明。"髫髦"，童年。"克"，能够。

⑧ □学典、谟：学习经籍典章。"典、谟"，《尚书》中有《尧典》《大禹谟》诸篇章。

⑨ 祖讲诗易：研习《诗经》《易经》。"祖"，熟悉。"讲"，习也。如"讲武"，即研习武艺。

⑩ 剖演奥艺：剖析研究《尧典》《大禹谟》《诗经》《易经》的深奥道理。"演"，研究，推衍。如"演《周易》"。"艺"，极限。

⑪ 外览百家：另外广泛阅读诸子百家的著作。"百家"，诸子百家，指各种学派的著作。

⑫ 众儁挈圣：各种经典的熏陶使潘乾无所不通。"儁"同俊，才智。众儁，这里指各种智慧（典籍）或万物玄理。"众儁"与"众妙"同义，《老子》："玄而又玄，众妙之门。""挈"，提携，这里为培养、熏陶。"圣"，聪明，无所不通曰圣。

⑬ 抱不测之谋：怀有常人难以想象的谋略。"不测"，难以估料，难以想象。

⑭ 秉高世之介：具备高出世人的高洁情操。"介"，名词，耿直、高洁的情操。

⑮ 屈私趋公：克己奉公。"屈私"，委屈自己，不顾私利。"趋公"，趋奉公益，一心为国。

⑯ 即仕，佐上郡，位既重：刚做官，就做郡守的助手，位

高权重。"佐"，辅助，当助手。"既"，已经。

⑰ 孔武纠著：勇敢威武，很有气概。"孔"，很。"孔武"，勇敢有力气。《诗经·郑风·羔裘》："羔裘豹饰，孔武有力。""纠著"，很有气概。"赳"通"赳"，今曰雄赳赳。

⑱ 疾恶义形：疾恶如仇，义形于色。"疾"，痛恨。"义"，道义。"形"，动词，显露。

⑲ 从风征暴，执讯获首：雷厉风行，剪除凶残；亲自审讯俘虏，从而捕获匪首。"从风"，比喻动作快，果断。《战国策·楚一》："魏则从风而动。""执讯"，捕获俘虏加以审讯。《诗经·小雅》："执讯获丑，薄言还归。"

⑳ 除曲阿尉：升任曲阿县尉。"除"，任职。"曲阿"，县名，即今江苏丹阳市。唐贞观七年，曲阿县改名为丹阳县。

㉑ 禽奸划滑：打击奸猾之徒。"禽"，通擒，捉拿。"划"，同铲，铲除，消灭。

㉒ 寇息善欢：盗贼平息，老百姓拍手称快。"善"，好人，与"寇"相对，这里指老百姓。

㉓ 履菰竹之廉，蹈公仪之洁：像伯夷、叔齐一样品格高洁，同公仪休一样为官清廉。"履"与"蹈"同义，均为遵循。"廉"与"洁"互文，都有高洁、清廉的意思。"菰竹"，也写作孤竹，伯夷、叔齐是商朝孤竹君的两个儿子。周武王灭商，伯夷、叔齐耻食周粟，逃到首阳山采薇而食，结果饿死在首阳山。"公仪"，即公仪休，周朝时鲁国相，为官廉洁，不肯收受贿赂。有人知他喜欢吃鱼，投其所好，给他送鱼，他一概谢绝。

㉔ 察廉除兹，初厉清肃：因为廉洁而提拔到这里来做县长，

到任后砥砺名节，清廉守正。"察"，选拔，举荐。"察廉"，因廉而提拔。"兹"，这里指溧阳县。"厉"，同砺，砥砺，磨炼。"肃"，严肃、严正。

㉕ 赋仁义之风，修蘽坛之迹：这句大概是说潘乾追慕前人仁义之风尚，而注重加强道德修养。"赋"，本是一种文体，这里是动词，作歌颂、弘扬解。"蘽坛"，有的拓本作"蘽桓"，均无法解释。丁灏先生认为，"可能最好的解释改为'蘽垤'，因为《诗经·豳风》有'蘽鸣于垤'之说。"若改为"蘽垤"也不行，《豳风·东山》"鹳鸣于垤，妇叹于室"是写悲苦之状，显然与语境不合。

㉖ 垂化放乎岐周，流爱双乎西□：传播教化，仿效古公亶父；普惠仁爱好比西伯姬昌。"垂""流"，均为传播。"放"，同"仿"，仿效；"双"，动词，匹敌。"岐周"，即西周，古公亶父建邑于岐山。岐山，周兴之地，故称岐周。"西□"与上句"岐周"相对，根据上下句文意，可能指西伯姬昌，西伯乃西方诸侯之长。孟子说："吾闻西伯善养老者。"

㉗ 亲贤宝智，进直退慝：以贤人为亲人，将有才能的人当宝贝；提拔正人君子，斥退奸邪小人。"慝"，奸也，恶也。

㉘ 布政优优，令仪令色：施行政教，政绩优秀，老百姓面色和悦，溧阳县境内一派祥和景象。"布政"，施政。《诗经》："布政优优，百禄是道。""令"，善，美好。"仪、色"，仪表、面容。《诗经·大雅·烝民》："令仪令色，小心翼翼。"是说仲山甫仪表闲静，面容和悦。这里引用"令仪令色"，是表示老百姓生活在溧阳有幸福感。

㉙ 狱无吁嗟之冤，野无叩匈之结：潘乾当县长，政治清明，在押的犯人没有谁因受冤枉而叹息，社会上也没有人因不平郁结而捶胸。"吁嗟"，叹息声。"吁嗟之冤"，受冤枉而叹息。"匈"通"胸"，叩胸，捶胸，表痛苦状。"结"，郁结。"叩匈之结"，因心中不平郁结而痛苦地捶胸。

㉚ 矜孤颐老，表孝节贞：怜悯孤寡，颐养老人，表彰守孝道、重气节的人。"矜"，同情、怜悯。"颐"，养，颐养。如颐养天年。

㉛ 重义轻利，制户六百，省无正徭，不责自毕：潘乾重义轻利，在他六百户采邑内，减免甚至不征收赋税，不摊派徭役。但这里的老百姓很自觉，不用催缴，自动地交完赋税，服完徭役。"正徭"，即征徭，征收赋税、徭役。"不责"，不去索取，这里指不去征收（赋税）。"自毕"，自觉地完成。

㉜ 百姓心欢，官不失实：老百姓心里高兴，潘乾在任上从不弄虚作假。

㉝ 于是远人聆声景附，乐受一廛：于是远方的人听到消息，如影随形般前来归附，都乐意到这里来安居乐业。"景附"，如影随形地来依附。"景"通"影"，名词作状语。"廛"，平民居住的房屋。"受一廛"，找一间房屋居住。

㉞ 既来安之，复役三年：远方的人来到溧阳以后，潘乾就安顿他们，免除他们三年徭役。"既来安之"，《论语·季氏》："远人不服，修文德以来之。既来之，则安之。""复"，不能解释为恢复，这里特指"免除赋税或徭役"。合成词有"复除"。如《汉书·元帝纪》："以用度不足，民多复除，无

以给中外徭役。"

㉟ 惟泮宫之教，反失俗之礼：只有学校教育，才能恢复消失的常规礼仪。"泮宫"，古代的学校。"反"，通"返"，返回，恢复。"失俗"，不合常规常理。

㊱ 构修学宫，宗懿昭德：建造学校，弘扬美德。"宗""昭"均为动词，义为尊崇、发扬。"懿"，美好。"懿""德"，互文，美德。《诗经·蒸民》："民之秉彝，好是懿德。"

㊲ 既安且宁，干侯用张，笾豆用陈：社会安宁了，学校办起来了，为了向青少年传授礼、乐、射、御等知识，于是学校挂出箭靶，（让学生学习射箭），摆出祭祀器皿，（让学生学习祭祀）。"干侯"，同"豻侯"，箭靶子。"笾、豆"，盛祭品的两种器具，竹编曰笾，木制为豆，两器形状相似。"用"，因此、由于。"张"，悬挂。"陈"，陈列。古代学校教学内容为六艺：礼、乐、射、御、书、数。射箭、祭祀为必学科目。

㊳ 发彼有的，雅容与闲：兴办教育是对人启蒙的好方法，好比是射箭对准了靶子，（经过教育）人人变得文雅安闲。"发"，打开，启蒙。"的"，箭靶子。

㊴ 钟磬悬矣，于胥乐焉：这里钟磬奏响了，礼乐盛行，教化兴起，人民其乐融融。"钟磬"，两种乐器，钟，铜制；磬，石制，以钟磬代指礼乐。"钟磬悬矣"表示潘乾在溧阳的文治，即所谓弦歌而治。"于"，无义，凑足音节。"胥"，都，全。

㊵ 乃作叙曰：于是写下叙文。"叙"，一种文体，为文章提要，但在这里如同铭、颂。从全文看，"叙"以上部分，陈述潘乾功德，文体为骈散结合；"叙"文部分，对潘乾赞颂与

祝愿，四言叶韵，这里的"叙"即铭、颂。

㊶ 翼翼圣慈，惠我黎蒸：威严的皇上大发慈悲，给我们庶民百姓送来了恩惠。"翼翼"，庄严貌。如《诗经·商颂·殷武》："商邑翼翼，四方之极。""圣慈"，皇帝慈悲。"惠"，给恩惠。"黎蒸"，也作"蒸黎"，庶民百姓。"蒸"，众多的意思。

㊷ 贻我潘君，平兹溧阳：给我们派来了潘县长，让他来管理我们溧阳。"贻"，赠送。"平"，治理。"治国平天下"，"治"与"平"同义。

㊸ 彬文纠武，扶弱抑强：既重文治又善武功，救助贫弱打压豪强。"彬文"，文质彬彬。"纠武"，英勇威武。"纠"同"赳"。《诗经·周南·兔罝》："赳赳武夫。公侯干城。"联系上下文，"彬文纠武"不仅指潘乾的个人素养，还应看作是潘乾对溧阳的管理手段，即文治与武功。

㊹ 口刈鲠雄，流恶显忠：铲除带头作乱的，将那些坏人赶得远远的，使忠诚的人得到重用。"刈"，割（草、稻、麦），这里义为消灭、铲除。"鲠"，鱼刺、鱼骨头。"雄"，头目、为首的。如王安石《读孟尝君传》："特鸡鸣狗盗之雄耳。""鲠雄"，俗语所谓"刺头"，这里义为匪首。"流"，放逐、流放。"显"，使……显赫，意为重用。

㊺ 咨疑元老，师贤作朋：有疑难问题，就咨询资望高深的人，把老师与贤人当作朋友。"元老"，本指天子的老臣，这里是资历深、声望高的人。"师贤"，名词，老师与贤人。

㊻ 修学童冠，琢质绣章：让青少年接受教育，把他们培养

成优秀人才。"修学"，"修"与"学"同义，均为学习，这里是使动用法。"童冠"，青少年，"童"为少年，"冠"为青年，古人女子十五及笄，男子二十冠。"琢质"，对质朴的东西进行雕琢，比喻对青少年的教育、培养。"绣章"，绣花。"章"，花纹。"绣章"，比喻培养教育青少年而使之成才。

㊼ 实天生德，有汉将兴：这是上天降生了潘乾这样有德行的人物，昭示汉朝将要中兴。"实"，实在，实在是。如《诗经·邶风》："实劳我心。"注释"实，是也。""有汉"，汉朝；"有"衬词，无义，如"有唐""有明"。

㊽ 尚旦在昔，我君在今：过去有姜太公、周公两个大圣人，今天有我们的潘县长。"尚旦"，吕尚、姬旦。吕尚，即姜太公（太公望、姜子牙），周文王出猎遇于渭滨，同载而归，立为师。武王即位，尊为师尚父，辅佐武王灭殷。周公姬旦，周文王子，辅佐武王灭纣；武王死，成王年幼，姬旦摄政辅成王。相传周代礼乐制度都是周公制订。这里，将潘乾比作姜太公与周公，下属们对潘乾吹捧太过。

㊾ 即此龟艾，遂尹三梁：现在潘县长又领取了新的官印，升为三梁尹。"即此龟艾"，领取绿绶官印。"龟"，印钮，指代官印。"艾"，绿色，指绿色的印绶。汉代官制：丞相、三公、列侯、将军之印，金印、龟钮、紫绶，称为"金龟"或"金紫"。"龟艾"是比"金紫"等级低的绿绶官印。"尹三梁"，做三梁尹。"三梁"，地名，即南梁，今河南省临汝县。

㊿ 永世百支，民人所彰：祝愿潘县长世世代代宗支繁茂，声势显赫。"支百"，宗族分支很多。"民人所彰"，名声很

大，国人都知道。

(51) 子子孙孙，俾而炽昌：祝愿潘县长子子孙孙绵延不绝，兴旺昌盛。“俾”，使、让。“炽昌”，兴旺昌盛。《诗经·鲁颂》：“俾尔炽而昌，俾尔寿而臧。”

(52) 董并等十二人是当时溧阳县的官吏，前面三人，县丞与左、右尉都是官；后面九人掾史，都是吏。这十二个人，是立碑人，是为潘乾歌功颂德的人。当时的溧阳县政府，包括潘乾在内，全部工作人员只有十二三个人。

校官碑亭内景

# 对《校官之碑》中三十个字的探释

去年十月赴溧水一中，见校官碑复制品真容。后历经一年探释，将碑文所缺三十字考识结果公布出来，以供同好或方家指正。说明：洪适《隶释》缺释 26 字，严可均《全后汉文》缺释 19 字，高文《汉碑集释》缺释 19 字。

## 一、以《隶释》为蓝本，对所缺 26 字的考释

纵观洪释、严释（1999 年许振生审订版）、高释三部著作，洪释最为规范，以繁体字对释繁体字，以异写对释异写字，且后附相关说明，只因当时活字印刷尚未流行，故用楷体手写；今本严释最一般，均为以简释繁，无注释或文后说明；高释最专业，注释详尽，但一般的字也以简释繁，异写字以宋体原样录入。

### （一）激发考释兴趣的两个字

14 号字的原句为："□學《典》《謨》，祖講《詩》《易》。"从语法关系看，两个句子均属于主谓句，故缺字应为名词。从修辞特色看，此两句明显为骈文对偶句，缺字与后句"祖"相对应；从表达内容看，"祖父"有具体详尽地讲解《诗经》和《易

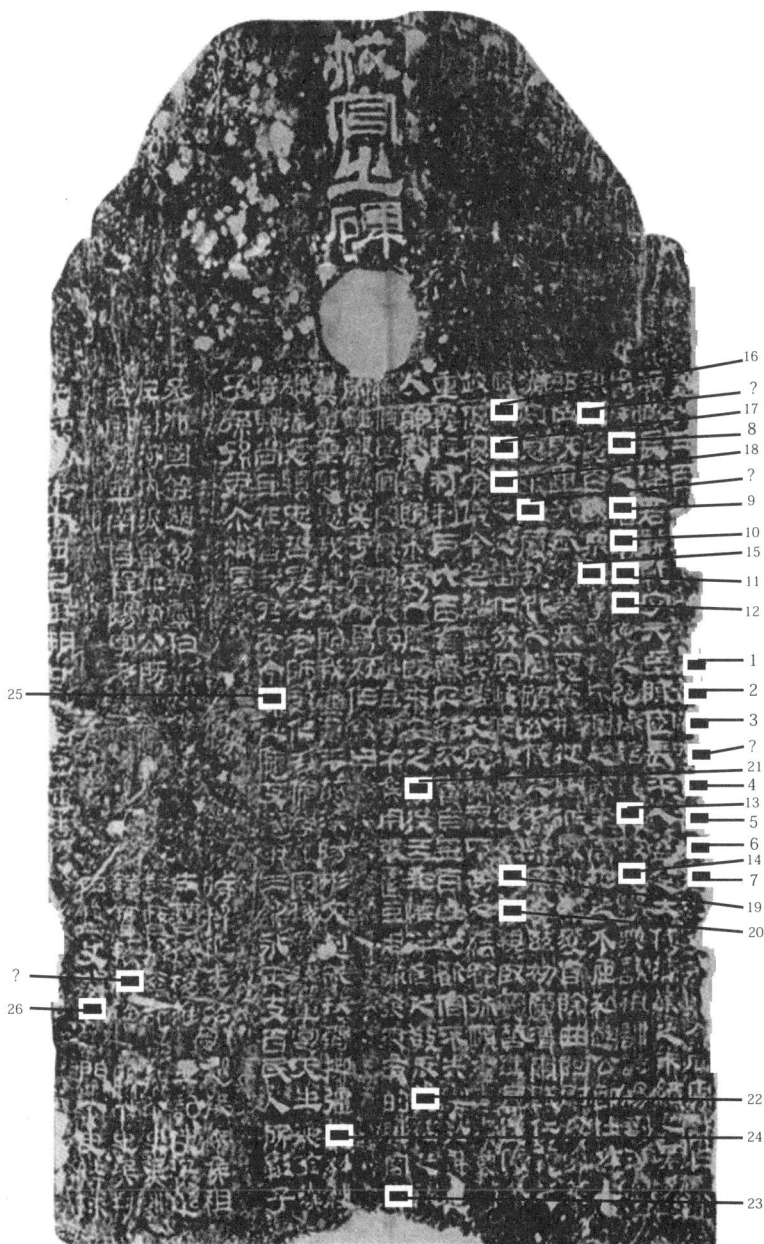

《校官碑》缺字示意图

经》的能力，可见学养宏富，而前者只能通读《尚书》中的《尧典》《皋陶谟》等史书，或因积淀未及，功力似不如"祖"。再说"祖"为家庭关系之称谓，则前缺字亦应属称谓，此字非"父"莫属。如果死盯着碑帖书影，无论如何也看不出来，再回视此字，隐约可见，只是下方一撇中断，上方模糊粘连而已。从句子前后的逻辑联系看，前句"髫髦克敏"是说潘君少时就思维敏捷，本句重在说明潘君有良好的家庭教育基础，后句接着表述他有非凡的读书能力，三层意思一气呵成。故该句定为"父学《典》《谟》祖讲《诗》《易》"。初稿一出，同好指出"祖讲诗易"同"祖述尧舜"，故此"祖"非祖父。而"祖述"意为"效法、效仿"，故"父"之推导前功尽弃。反复审视，"父"字确信无疑，查《汉典》，父通"甫"，意"开始"，可谓迎刃而解。妙哉！作者形似对句，父祖并举；叹乎！敝人望文生义，解读有误。

　　26 号字原句为"户曹史贺□"。"户曹史"是旧时官吏的身份，后为单名单姓，姓清晰可视，名无法知晓。作为溧阳县小吏，此名犹如当今的"一次性筷子"，除碑上有记载外，恐怕不见经传；而且此字又无法通过语法、修辞、逻辑来推导。可作为一个实实在在的字，似乎笔画可见。首先，竖版排列中"贺"下两笔有长短之别，反复推敲，应为短笔，与下面字的一撇连在一起了。于是，左旁应为单人旁，决非走之旁之类。再看右上，或为草字头，或似廿字头，再查《康熙字典》人部，找到"僎"最像，故推断此人叫"贺僎"。平时笔者常想，因为汉朝太强势，我们都纳入汉族，成为汉人，就连男子汉的"汉"

138

也从水而不从人。当我第一次看到这个"僕"字，似乎遇到了一个真正的"男子僕"。当然，若此字十分清晰，也就不会从未有人认定了。仅作为参考，敬请方家指正。

（二）典出何处费思量

8和9、10、11、12号字的原句为"君稟資南□之□□□□德之絕操"。8号字严释和高释皆认定为"霍"；9号字严释为"祷"，而高释为"神"，并注曰："霍山有二，一为冀州霍山，一为南岳之霍山，即天柱山。潘君为陈人，近于庐州，故所稟者南岳霍山之神，非冀州霍山之神，嫌二霍山无分，故以'南霍'为别耳。"入情入理，故从高释。而高释的结果及句读为"君稟資南霍之神，□□□德之絕操"，严释的却为"君稟資南霍之祷□，天□德之絕操"。因11、12号"有天"二字较清晰，13号"從"漫漶不清，而网络有"天從德"之说，看字面意思，即为"上天也要遵从的美德"，欲界仙境，非凡人所为，故可称"绝操"，而潘君有之，令人叫绝。然而，理似通而典无寻，如此重要的文化理念，怎会是"一次性筷子"？故高释无法认定亦在情理之中。可是，处于创新的时代，歌颂创新的人物，使用创新的词汇，完全可能；而历经千年，碑虽传而文有阙，必然造成"一次性筷子"不复使用且无法推论，同样可能。故推为"君稟資南霍之神，有天從德之絕操"。

可初稿一出，同好断言"文意不通""必为骈句"，其认定之句子结构与严释同。回视严释，设高释之"神"成立，则"神□"与"绝操"实在对仗工整。反复审视，"有"应为

"奇"，故最终推定："君稟資南霍之神奇，天從德之絕操。"

16、17、18号三字之句为："賦仁義之風，□□□之迹。"明显此又属于骈句格局。严释三字完全空缺；16号字已由高释认定为"脩"，本人完全认可，此字与前句"賦"词性相同。"仁义之风"之"仁义"，典出孔孟，故"□□之迹"的缺字也应为一典。查其他摹写帖或文章，俗考称"鸛桓之迹"，而摹写之"鹳"少了右半鸟字，辨认原碑似也较像。如此重要的典故，绝不会是"一次性筷子"，应该是使用频率很高的。除本碑外，决找不到"鹳桓"两字，何典之有？故严可均与高文皆无法认可。查汉典"桓""桓侯"之义，突然想到赫赫有名的齐桓公来，谛审两字，为"齊桓"无疑。可同好指出"义无所取"，真是一语点醒梦中人。再行审视，确信"齐"字无疑，是否"桓"字有误，比较分析似可为"栢"。查"齐柏"，"周年齐柏"赫然入目，晋祠齐柏，今已三千多年，当时亦千年。故该句为"賦仁義之風，脩齊栢之迹"，终于典有所出，义有所取。

19、20号字其原句为："垂化放虜岐周，流愛雙虜□□。"该句明显又属对偶格局，而"岐周"为一典，则所缺字亦为一典，而严释与高释皆空缺。查网络，有"西祭"之俗考，典出何处，表义何在，实在无法解释。"岐周"为地理名词，想来"西祭"亦为名词，为汉朝一地名所在。网络搜索，"雁荡山西祭"赫然在目。但均无古籍"西祭"之信息。好在2006年8月购得詹必红重修的万历《雁山志》，通览全志，不见西祭之名，且知宋沈括《记雁荡山》云："谢灵运守永嘉，凡佳山水，游历殆遍，独不言此山，盖当时未有雁荡之名。"

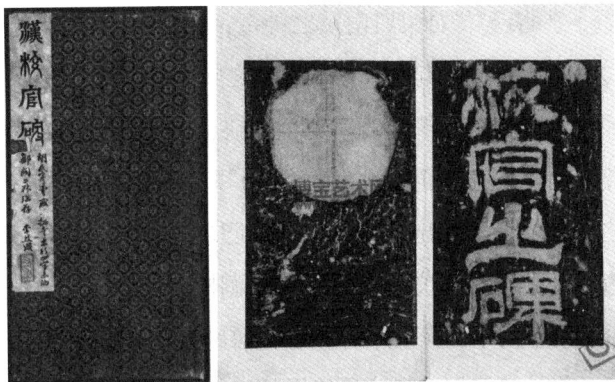

可知当年与此"西祭"无关。除此之外，动词用法间或有之。再反复审视，"西"

用校官碑拓片印制的字帖

似为"黄"或"兼"，但又无法认定。"祭"可能为"蔡"或"菜"。"西菜"似不可能，"西蔡"之地则全国铺天盖地，但与"流爱"何关，为何"双"字用得那么奇特？真是百思不解。突然想起，中国人信仰灵魂升天，去西方极乐世界，"西祭"不就是虔诚地祭奠去西方极乐世界的先人吗？家谱中强调"事死如事生"，不正是这种关爱的极致表现吗？故一个"双"字，用得妙极，不仅关爱众生，就连死者也能在西天灵魂安息，可谓大爱无疆，这是何等崇高的精神境界！"垂化放虏岐周，流爱雙虏西祭。"就是说教化仿效岐人弃牧从农的先进做法，关爱兼及生死平等的崇高理念。这不正是潘君的最可贵之处吗？可是，汉代佛教为信仰"神仙方术"，则"事死如事生"之说无法成立。然而，从与时俱进的理念看，佛教之所以流行，恐与中国人信仰"神仙方术"密切有关，欲界仙境，非仅蓬莱仙岛，今来自西方，故"西祭"一说仍可成立。不知高文、严可均乃至洪适本人，是否也与本人一样，刚开始局限于地域名词

141

而未考虑事件名称，以致此典实在无解？

### （三）最费解的短语

24 号字的原句为："彬文赳武，扶弱抑彊；□刈髛雄，流恶顯忠。"两组四句，骈体色彩十分鲜明，每句皆由两个动宾短语构成，且后两句的使动用法明显。再看"□刈髛雄"，疑窦丛生。"刈"字似觉不当，"文武""弱强""恶忠"皆为反义，"刈雄"能称反义？而洪、严、高三释皆认定，定然有理。推"刈"为活用，查《汉典》有"绝乏"之义，应可讲通。其次，"髛"今为"鯁"，可为动词，可比较各帖，似为"顯"，似为"龍"。然为"显"则不可能，因后文有"显"，古人绝不会犯此忌，而"龙"更讲不通。既然洪、严、高三释皆认定为"髛"，只得确信无疑。突然想起，古人用词讲究形象化，"髛"字就很形象，用"骨"旁，似体现了潘君之"铮铮铁骨"，24 号字是否会也是一个与人或动物身体部位有关的词？终在《康熙字典》色部，找到 [鼻+色] (pào) 字，该字同"皰"，今常写作"疱"或"泡"。然似觉释义牵强，终为全文最费事且最不满意的一字，可又实在无可奈何！新年伊始，再次浏览校官碑所有网页，突然发现新增一摹写碑书影，其 24 号字书作"龕"，简体为"龛"，又通"戡"。反复推释，应为"戡复"之义，则"戡刈"意为"使绝乏的得以戡复"，其义可通。

### （四）对权威所考六字的认定

13 号字为"克"，原句为"髳髦克敏"，严、高二释皆同，此认定。

15 号字为"推"，原句为"众推契圣"，由高释辨认，现认定。

21 号为"復"，今为"复"，原句为"復役三年"，严、高释皆同。高注曰："复者，除其赋役也。"可见此作"减免"讲，完全符合文意。

22 号字为"失"，原句为"反失俗之礼"。严、高释皆同，可认定。

23 号字为"畁"，原句为"雅容畁闲"，由高释推定，并注曰，畁同畀，均为"其"的借字。则意即为"极"，可认定。

25 号字为"即"，原句为"即此龟艾"，由严释推定，而高释空缺不认。按高释注："龟艾"为"龟纽艾绶"，此"颂潘君当为二千石之官也"。据此推论，"即此"意为"就此"或"因此"。按理"当为"而实未为，此为实指，故认定"即"字不当。可若虚指的话，则未尝不可，故认定严释。

（五）均无人问津的七字

洪适 26 个缺考字，已对其 19 个作了大胆推测完毕，此时突发奇想，要是剩下的开头 1~7 号字也能有个推导，该多好！可是，反复审视整碑帖、分解帖、摹写帖，原碑首列文字能清晰辨认的为数也不多，实在理不出头绪，真颇有痴人说梦之叹。不过根据摹写碑帖和高文之注释，知夹于七字之中之"于"录之不当。"王念孙《汉隶拾遗》云：'今案碑文非于字。'"故摹写碑作"虖"。高注："以'虖'为'乎'，而'乎'又'于'之借字也。"

143

细看摹写帖，开头缺字隐约可见，且于空白处有五枚印章，怎不知是如何处理，何人收藏？而"铭功"两字前，6、7号字似为"以表"，"以表铭功"，似不十分贴切，但大致能讲通。

再看前"虖"字句，又应和"垂化放虖岐周"句结构类同。"虖"后第一字为单人旁无疑，右半剥落，反复推选，4号字选定为"仁"，5号字似为"昔"。可同好认为"仁昔""不辞"，建议改为"往昔"，十分有理，故采纳。就"虖"字前而言，肯定有一个动词。但该动词是一个字还是两个字，无从判断。而1号字似"来""夫"等，若为"夫"，作为发语词，后则必然是双音节动词。可此两字右侧皆已脱落，左边也模糊难辨。细看3号字左边，仅稍有留存，似乎有三点水之味，设以该偏旁推测，联系上面字，2号字似像"感"，3号则为"激"。联结起来，构成"夫感激虖往昔"以阐释立碑之原因，大致能通。故全句推为"夫感激虖往昔，以表铭功，著斯金石"。仅供方家参考，至此如释负重。

## 二、对《隶释》已考四字的责疑

1. "外览百家"与"以览百家"。严释认可作"外"，高释否定却仍缺。高文推翻对"外"字的认定，十分有理。潘君作为"溧阳长"，当然是该县行政事务的最高管理者，可是，《校官之碑》是将其作为教育行政的最高长官来叙述的，纵览百家之书，本其分内之事，何"外"之有？本人认为，此字当为"以"，右作"人"而非"卜"，左非"口人以"之"口"，而和今天常用"以"同，则是漫漶才似"夕"字。而"以览百家"的凭藉为"髫髦克敏，父学《典》《谟》，祖讲《诗》、《易》，剖演奥艺"。

2．"于"与"虖"、"乎"。详见前 1 ～ 7 号字分析。

3．"柏桧"与"梅桧"。高释推定为"梅"，此从高。

4．"寇息善欢"与"寇息善劝"。洪、严、高三释均为"欢"，按理应可通，推翻不易。"欢"的繁体字为"歡"，"劝"的繁体字为"勸"，两字相仿，变化不大，且原帖难辨。而俗考都为"劝"，反复推敲，本人认同为"劝"，理由如下：其一，"息"为动词，"欢"为形容词，两词词性不同，用"劝"则同。其二，用"欢"则前后结构不同，用"劝"则同，平息的是寇盗，劝导的是善心。其三，逻辑关系不同，用"欢"属因果关系，因"寇息"故"善欢"；用"劝"为并列对比关系，除暴兴善，更有表达力。

综合三十个字，26 个缺字由本人推测的共 12 字：（1）夫、（2）感、（3）激、（4）往、（5）昔、（6）以、（7）表、（10）奇、（14）父、（17）齐、（18）柏、（26）僕；4 个重释字本人推出 1 字："外"为"以"。两项累计为 13 字。

# 第三节　疑点

一块石碑，承载着太多太多的历史！

一块石碑，附着着太多太多的文化！

一块石碑，凝聚着太多太多的苦难！

《校官碑》就是这样一块石碑！

它曾淹没于战火升腾起的硝烟，埋藏于历史落下的烟尘，沦落于外敌入侵的铁蹄，但是它与我们多灾多难的民族一起挺了过来，它成了一种见证，见证着我们这个国家和民族不屈的意志、坚强的品格和顽强的生命。

《校官碑》与本校的这一份情缘，不但是本校人一份永恒的骄傲和自豪，更意味着我们的一份特殊的责任，我们唯有努力亲近它，认真释读它，最终读懂、读通、读透它，才对得起它，以及为保护它而作出贡献的历代先民，也包括我们的前辈校友们！

# 《校官碑》释疑

有着"江南第一碑"之称的《校官碑》，现存于南京博物院，为国家一级文物，其文物价值显而易见，最为人们称道的是其书法艺术价值，《金石文字记》（顾炎武著）、《两汉金石记》（翁方纲著）、《碑帖叙录》（杨震方著）等古今碑帖专著，以及俞樾、翁同龢、康有为、方朔、杨守敬等名家，对其都有具体介绍和很高评价；但是，自从它出土以来，便有许多误会和讹传，让人们产生

《汉校官释文》碑拓片

了一些不必要的疑惑和争论。

## 溧阳？溧水？高淳？

《校官碑》，杨震万《碑帖叙录》中称之为"校官潘乾碑"；刘运峰在《汉校官碑集联·前言》中云："《校官碑》又称《汉溧阳长潘乾校官碑》。"至于一些相关的地方文献中，其称谓则更是混乱，"溧阳校官碑""高淳校官碑""固城校官碑"等不一而足——如此常让一般人误会，以为有多块"校官碑"。

那么，同一块碑刻，怎么会有这么多名称？

《校官碑》刻于东汉光和四年，即公元181年，至今已有1800多年了；是为表彰溧阳长潘乾兴教办学之功而刻立的，因此，此碑最初应立于古溧阳县内有关场所，是毫无疑问的，而这或许就是今天溧阳市（今属江苏省常州市）一些地方史料上多称"溧阳校官碑"的原因。只是为强调此碑与本地的关系，将碑石属地地名加于碑名前试图成为碑石名称的做法，实属罕见；无独有偶的是，《校官碑》竟然还有两个与之同类的"别名"，即"高淳校官碑""固城校官碑"。此又为何？这与当地行政区划的变革及此碑的出土、保存过程有关。

秦始皇统一中国后（前221年）即设溧阳县，治所在固城，直到东汉时仍在此，所以《校官碑》最初刻成时，也应该立于此。可是后来古溧阳县治所却发生了迁移，固城几乎被废弃，《校官碑》也随之被淹没在历史的尘埃中。隋文帝开皇十一年（592年），古溧阳县又一分为"溧阳"和"溧水"二县，原溧阳县县治所在地固城旧址从此不再在溧阳县境内，而成了新成立的溧水县的属地。南宋绍兴十三年（1143年），溧水县尉喻仲远在固城湖滨发现了淹没已久的《校官碑》，并将其移至县衙，并从此流传至今，其间流传有序，并无争议。然而，如今的一些文献，对此表述明显或含混，或错讹，仍以《碑帖叙录》和《汉校官碑集联·前言》为例：

"校官潘乾碑"，宋绍兴年间（1131—1162）溧水县尉喻仲远得行固城湖滨（在江苏高淳县）。（杨震方《碑帖叙录》）

"南宋绍兴十三年（公元1143年），溧水尉喻仲远访得于固城湖滨，置之官舍，今在江苏溧阳孔庙。（刘运峰《汉校官碑集联·前言》）

杨震方的表述，应该说并无大错，但是语意含混。固城湖属今天的江苏省南京市高淳区（原江苏省高淳县），但是喻仲远访得《校官碑》时，它事实上是属溧水县——当时压根儿还没有"高淳县"。喻仲远当年发现《校官碑》后为什么会将此运到溧水县衙而非溧阳县衙？原因很简单，因为此时固城一带已属溧水县而不属溧阳县了；而高淳县还要过几百年后才成立——明孝宗弘治四年（1491年），从溧水县析出的"西南七乡"新建的一县为高淳县——《校官碑》确实是出土于今天高淳的土地上，却在出土后从不曾在高淳保存过，所以杨震方的表述，初看并无任何不妥，事实上也无大错，但是因其含混不清，是让人很易在理解时生出歧义的；如果一定要如此表述，至少得在"高淳县"前加一个"今"字（若真是在今天，则还要将"江苏高淳县"改成"江苏省南京市高淳区"）。

刘运峰的表述，显然是因并不了解《校官碑》出土和流传的具体情况，更不了解当地行政区划的变化，不可避免地发生了错误：既是溧水尉喻仲远访得，并"置之官舍"，怎么又会"今在江苏溧阳孔庙"？这完全是他凭主观想象出的——校官碑从来就不曾进过溧阳孔庙，而且从来也没到过今天溧阳境内过，它一直都保存在溧水，直到新中国成立后仍在，一千多年间流传有序，此为事实，没有争议。

至此，《校官碑》的"身世"大体上我们就可以清楚了：它刻立于古溧阳县，目的也是为表彰时任溧阳长潘乾的功德的，自然与溧阳关系密切；900 多年后溧水县尉将它从历史的烟尘中发现，此后的一千多年一直在溧水保存，亦即溧水人民为它的存世至今作出了杰出的贡献，所以其与溧水关系可谓非同一般；而它最初刻立和后来出土的地方毕竟在今天高淳的土地上，所以事实高淳与它也有着密切的关系。或许是因为《校官碑》一直都在溧水保存的事实，所以溧水当地史籍中历来提到它时，出于自信与自豪从来不曾在它名称前加上"溧水"二字；而溧阳、高淳两地地方史籍，提到此碑常称之为"溧阳校官碑""高淳校官碑"和"固城校官碑"等，但是此行为不合碑帖称谓惯例，徒增混乱，是很不恰当的。

那么《校官碑》名称究竟为何？

按对于碑石称呼的一般性惯例，都是将碑石本身的碑额作为全称，简称则取碑额或碑文关键字（最多为碑石所表颂主人

公的名字）紧缩而成。如我们一般人都熟悉的汉碑《张迁碑》，全称"汉故榖城长荡阴令张君表颂"，即此碑额；《韩仁铭》

《鲜于璜碑》碑额

《张迁碑》碑额

《韩仁铭》碑额

全称"汉循吏故闻憙长韩仁铭"，亦即此碑碑额；《鲜于璜碑》全称"汉故雁门太守鲜于君碑"，亦即此碑碑额，同时又因为它们所表颂主人公为张迁、韩仁和鲜于璜，所以我们一般就简称其为"张迁碑""韩仁铭"和"鲜于璜碑"。

　　看《校官碑》原石，其碑额只四字"校官之碑"，应该说这就是此碑的全称；而简称，只能是"校官碑"或"潘乾碑"。

### 学宫？学官？

　　《校官之碑》中"校官"二字究竟又作何解呢？

　　"校""学"二字，在汉代，甚至在此前很长一个历史阶段，都可以互通的："'宫''官'形相近，古通用。'学'字古亦读'斅'，'斅''校'音相近。"所以"校官"，即"学官"，亦即"学宫"——大体相当于今天的学校；而"学官"作为管

"学"之"官"解，亦不是绝无和不能，如《史记·儒林列传》中有语："太史公曰：'余读功令，至于广厉学官之路，未尝不废书而叹也。"这里，"学官：又称'教官'，指主管学务的官员和官学教师，如汉代开始设的五经博士。"也就是说，从汉代设"五经博士"等之后，"学官"也可以指官职和官位，亦即"校官"也可解为"学官"，亦即一官职、官位。

那么，"校官碑"上的"校官"到底是"学宫"还是"学官"呢？

对此历来也多有争议：明末著名学者顾炎武，就认为是官名，好"学官"，而清代书法家翁方纲则认为是"学舍"，今人刘运峰更明确认为："校官，为学舍之名。"且据笔者所见资料，今人多同此解。

如果是"学官"，那么此碑表彰、颂扬的主人公为"潘乾"，按碑石简称、别称惯例，称之为"校官潘乾碑"似无不当，甚至再简称为"潘乾碑"亦无不当；但是，"校官"如果是"学宫"的意思，那么如此别称、简称就大为不当了。

"校官之碑"中的"校官"二字，到底是指"学宫"还是"学官"？文字学训诂学知识似乎在此无能为力，唯从碑文中去寻找答案这一路径了。

《校官碑》立碑目的是为潘乾歌功颂德，尤其是他"构造学宫……推泮宫之教，反决拾之礼"的功德，此毫无疑问，对此只要多读几遍碑文自可明白；那么，既然如此，此碑名之《校官之碑》，如果此"校官"是指官职，那碑文歌颂之主人公自然就是潘乾无疑；再换句话说，"校官"一定是潘乾所任一职务（哪怕是本职之外的兼职）！然而通读全文，其中无一句提及潘乾兼任"校官"一职，他只是"溧阳长"；再据翁方纲考证，地方长官兼学校官员，只有西汉有此例，"后汉时，亦不闻特设学校之官"。也就是说，潘乾不可能兼任县学"校官"。那么会不会是此碑中"校官"另有所指呢？也不可能！因为碑文从头至尾没有提到第二人。因此，"校官之碑"所歌颂的潘乾兴教办学之功，无非是他作为当地一行政首脑，对此方面"舆论上重视、政策上倾斜，财政上支持"等而已——既是表彰这些，怎么会在碑文中另外再弄出一个"第二者"的"校官"来呢？

由此看来，《校官碑》所及虽与兴教办学有关，但是被表彰主人公潘乾并非是"校官"；同时，也因为其与兴教办学有关，所以最好的树立之所便是"学宫"，即"学舍"，亦即"校官"。所以"校官之碑"，解作"（树立于）学校中的碑"，应无大谬。而刘运峰先生既也认为"校官，为学舍之名"，但同时竟又说，"《校官碑》又称《汉溧阳长潘乾校官碑》"，难道是"汉溧阳长潘乾竖在自家学校的碑"的意思吗——显然是自相矛盾说不通嘛！所以他的这一"又称"的依据不知从何而来？

## 原刻？重刻？另刻？

《校官碑》是江苏省境内现存的唯一一块完整汉碑，属国家一级文物，此原石一直是南京博物院的"镇馆之宝"，但是也曾有人质疑："碑字曾经开凿，故有疑为宋时重刻者。"

当年江苏省溧水县中学（今江苏省溧水高级中学和南京市溧水区第一初级中学的前身），从抗战时期直到中华人民共和国建立后的一段时间里，为《校官碑》的保存传世作出过特殊贡献，所以 2009 年经向南京市溧水区文化局申请、南京博物院同意，溧水第一初中获得了复制此碑一块的机会，笔者有幸参与了复制工作的全程，自然也见到了如今深藏于南京博物院作为镇院之宝的该碑原石。据肉眼判断，我们绝看不出此碑"碑字曾经开凿"的任何痕迹、印记和影子（有几个能看出凿损痕迹的字和笔画，那是因为从前拓者，为了使自己的拓片卖个高价，在自己拓过后故意作凿损，此为破坏）。

当然，今天看不出，并不等于从前没有开凿过——若真是"宋时"凿过，算来至今也七八百年了，到今天确实也有可能不易看出。但是此种可能性事实上也绝无，原因有三：

第一，据史料记载，宋时喻仲远最初寻得此碑石时，曾万般激动；消息传出，在当地轰动一时，随即碑石便被运至县衙妥善保存了起来；后转移至文庙陈列时，有关人士还将本县人士所藏唐颜真卿书《送刘太冲序》墨迹刻石，与它一起并列……具体过程，在此不作赘述，但据此事实可以肯定的一点是：它既然如此受人重视，无论是宋代刚发现它时，还是此后在保存的过程中，竟然有人会"开凿"它，这从情理上而言实在是令人难以想象的！

第二，众所周知，宋代文人有寻访珍藏古碑为时尚的时代风气——这也是为什么中国历史上的许多汉唐名碑，多在宋代发现并流传后世的原因。而这在有着这样大的社会文化背景之下的宋代，人们会将一块好不容易寻得的汉碑"开凿"一新，此可能性也可谓绝无！

第三，上文就提到，《校官碑》自从北宋出土后，便一直存于溧水，从不曾再被淹没过，其传承也一直非常有序，实物与文献都能一一互证，所以相关文献可谓都是"信史"；然今天我们搜遍溧水本地所有方志、史书、古籍，也从来不曾见到过有"开凿"过《校官碑》的任何记载。

那么，"有疑为宋时重刻者"此言从何而来呢？据笔者猜测，很有可能是有关人士从一虚一实两件相关的事情推测、猜度和想象而来。

宋代洪迈《夷坚志》中有一段描述该碑发现过程的文字：

乾道戊子，有官告院吏出职为尉，顾碑字多阙蚀，以为无用，且厌人之来，呼隶史曹彦与谋，将沉之宅后废沼内。一寓客好古，闻其说往诘止之。邑宰陈容之为徙诸县圃，作屋覆焉。至辛卯岁，金陵守唐（王象）作文一篇，欲识碑阴，遣匠来甫镌两字，遭碑屑溅入目，旋易他匠皆然，竟然不能施工。

《夷坚志》本就是一部笔记，所记内容多奇闻逸事，并不是信史，绝当不得真；再细看此段文字内容，堪称传奇有趣，显然不可能是实事，其主旨显然是为了表达此碑发现过程的奇异、身世的传奇和价值的非凡。

如果说上面的这件是当不得真的虚事，还有一件事倒是实有其事。即元至顺四年（1332 年）五月，时任溧水（州——此时溧水为州）文学掾济单禧曾刻过一块《〈校官碑〉释文》碑，该碑在历代《溧水县志》中都有明确记载，且碑、文也流存至今。但是对此事，笔者发现多种资料，甚至各种专业性典籍，也多有误载，以至以讹传讹，如《碑帖叙录》载：

（校官碑）碑阴有元至顺四年（1332）单禧释文。

此言大错有二：一是单禧的释文并非在"碑阴"，而是另择石料刻成的另一块石碑，即《汉校官碑释文》碑；第二，单禧所刻释文其实也并不是他所释，而是南宋时的著名金石学家洪适于南宋时对照原文用南宋时的语言所作的释读文字，因此，通过此碑石，可以识读原石上一些今天（甚至元朝时）已缺损的字。再则，这块"释文碑"至今也有 600 多年，事实上也是一件难得的文物了，600 多年来，其一直都与《校官碑》原石一起陈列于溧水县衙、文庙、溧水县中学等处，中华人民共和国成立后也随《校官碑》原石一起，于 1957 年 8 月被江苏省文物管理委员会征至苏州博物馆，后收藏于南京朝天宫库房，1992 年再

移至南京博物院，并于此珍藏至今。

## 成熟？过渡？变隶？变楷？

《校官碑》除了文物价值外，历来备受人们推崇的是它的书法艺术价值，特别是清代碑学兴盛后，其受人重视程度更是倍增。著名学者、书法家康有为在《广艺舟双楫》中曾以"丰茂"二字概括其艺术风格；金石家方朔评其"字体方正淳古……唯《衡方》《张迁》二碑如其结构"；书法家杨守敬则评其"方正古厚，已导《孔羡》之先路。但此浑融彼峭厉耳"……但是，他们在对《校官碑》的书法给予极高评价的同时，对其书法艺术风格和艺术价值进行的具体解说，长期以来又多有分歧，甚至某些方面让人颇多疑惑。

"《校官碑》为汉隶成熟期之重要碑刻……"今天的许多介绍古代碑帖的书籍，提到《校官碑》，一般都会如此介绍；然而，清代金石家方朔则认为，"（《校官碑》）有西京（指西汉）篆初变隶风范"，显然，他以为《校官碑》并不是一件"成熟"的汉隶作品，而只是一件"篆初变隶"的"过渡"性书体作品。

众所周知，汉隶成熟于东汉，《校官碑》刻于东汉光和四年（181年），历史上最著名的几块标志汉隶成熟的碑刻，都刻于它刻成时间的前后三四十年间——《乙瑛碑》刻于东汉永兴元年（153年），《礼器碑》刻于东汉永寿二年（156年），《曹全碑》刻于东汉中平二年（185年），《张迁碑》刻于东汉中平三年（186年），因此，说"《校官碑》为汉隶成熟期之重要碑刻"，与事实并不相违，只是这样的表述因本身多少有些歧义而易使人产生误会，将此理解成《校官碑》也应该是其中一块标志"汉隶成熟"的作品。

《校官碑》书体的"过渡性"特点十分明显。这只要将它与上面所提几块标志汉隶成熟的碑刻稍加比较就可以看出——甚至是并不需具备多高书法水平的人也可以看出——是明摆着的事实。

所以，说《校官碑》是"汉隶成熟期"作品，是就其书刻时代而言的，而说它是一种"篆初变隶风范"的"过渡"性书体，是就其书法特点和风格来说的，这里的两种说法其实并不矛盾。

《校官碑》呈现的是一种"过渡"性书风，这一点是肯定的，但是在如何看待其"过渡"性的问题上，却各执一端、分歧很大。

清代书法家、书论家、金石家都大致同意方朔的观点，《校官碑》显示了"篆初变隶风范"；但是令人不解的是，《校官碑》明明是刻于"汉隶成熟时期"的东汉，汉字书体演变历史上的确有一个"篆初变隶"阶段，但是学界认为此阶段在西汉就已完成，刻于东汉末年的《校官碑》如何具有这一书体特征？由于持上述论者对此都没有具体论证，所以让一般人很是疑惑不解。而南京大学已故教授丁灏先生则对此提出了自己的看法：

东汉末年书风将变，行草渐兴，隶书也随之反朴去华，这种新的气息，也多少在《校官碑》上显露出来。所谓"质文三变"，就是这个道理。但是清朝的士大夫考据成癖，认识偏颇，却偏偏把民间书风的清新、朴素附会成格调高古，因而李乡家跋《校官碑》说："汉季隶篆沟通，《国山》《天发》之前河也。"《校官碑》的字形趋向方正，笔法灵活自然，波挑笔势已见收敛，乃是隶变楷兴的表现，与篆书毫无关系。

丁灏先生虽然也承认《校官碑》总体上呈现的是一种"过渡"性书风特点，但是他从书体演变的大势出发，认为其并非是由篆书向隶书的"过渡"，而是由隶书向楷书的"过渡"。对于自己的观点，丁先生当然也进行了论证，然而所谓论证只是从东汉的时代风尚进行的推测，虽然也对具体碑文书法列举了例子进行解说和试图性论证，但并不能令人信服；唯有一证似有道理：

此碑系由潘乾治下诸吏所立，且称"诔"。《文心雕龙·卷三》对"诔碑"之用有专述。周代即有铭诔之文，但是"临丧能诔"，同时又"贱不诔贵，幼不诔长"。而诔文则"荣始而哀终"……《校官碑》正是这种为自己歌功颂德的产物，只有"荣始"而无"哀终"，而一群下属在舞文弄墨，应该称其文曰"颂"，曰"铭"才为妥贴，居然称"诔"……生而作诔，下以诔上……反成笑话。

丁先生举出这个"笑话"的目的，无非是要证明《校官碑》的作文者和书写者只是"一群下属在舞文弄墨"，他们并无多少学识，所以出自于他们手笔的东西，应该只会有"民间书风的清新、朴素"，绝不会"格调高古"。此种推论初听似有一定道理，但是，我们且不说一群既为"谀上"的下属再马虎、再愚蠢，竟马虎到这种程度、愚蠢到这步田地，似乎总令人难以置信；而只需稍往深处一想，就能很容易得出恰恰相反的结论：就算《校官碑》的作文者与书写者真是一群小吏，殊不知这样的人，尤其是又地处偏远地区的这样的人，在时尚文化的洪流中笔下恰恰会比一般人更"格调高古"——现实生活中"古风犹存"的地方，是发达地区还是所谓的"落后"地区？笔下"格调高古"者，是文化弄潮儿，还是沉于一隅的下层文化宿老？出自于那些偏远地区下层人之手的民间风浓郁的艺术，其长处是保留古意，还是引领时尚？答案应该是不言而喻的吧！

《校官碑》的产生地是当时的古溧阳县，其地处江南腹地的吴头楚尾，远离中原文化中心，在两汉时期，其社会总体发展水平肯定是远远落后于中原地区的，文化艺术的发达程度和发展需求也都落后于中原地区。因此，当中原书风已进入汉隶的成熟期了，这儿落后个半拍或一拍的，应该是十分自然和正常的事；出现在这儿的《校官碑》，在书风上跟不上成熟的中原典型风范，大体上还停留在西汉隶书的面貌，也便很自然而然、合情合理、顺理成章。其实，中国书法史上还有一例，也可从侧面证明这样的事情并不算稀罕，这就是"二爨"（《爨宝子碑》《爨龙颜碑》）——正是因为它们产生于地处偏远的云南，所以其书风才与同时代的中原书风大为异趣，即比之同时代的中原碑刻"格调高古"许多——也正是因为这一点，它们才更具有一种特殊的艺术价值，并为历代书家、学者更加珍视。《校官碑》大体情形与之类似，即使它真出自于一群地处偏远的下层小吏之手，但在他们笔下，也绝不可能成为开启魏晋楷书新风的先河，其书风的"过渡"特征绝不可能是"隶变楷兴的表现"——他们既没有如此文化弄潮的欲望，也没有如此艺术前卫的能力，他们笔下事实上稍落后于时风意趣，是一种再正常不过的事情，这也便使得《校官碑》这块事实上的东汉碑刻难能可贵地呈现出西汉时的书风，成为"汉隶成熟时期"一块卓尔不群的作品，从而使得它在中国书法史上具有了一种特殊的地位。

那么《校官碑》碑文中"生而作诔"真是一个语文习惯、文章体例上的"笑话"吗？其实也并非一定是——正因为这群为《校官碑》"舞文弄墨"的小吏虽然身在东汉，但文化认识和艺术能力还停留在西汉阶段，所以其语文习惯和文章体例等方面，表现为从古不从今。"诔"在两汉到底有着怎样的文体规定？这当然不能以《文心雕龙》的规定为准，而应该以汉代的著作为准，如《说文解字》。《说文解字》收有"诔"字，对此段玉裁注曰："讄，祷也，累功德以求福也。按'讄'施于生者以求福；'诔'施于死者以作谥。《周礼·六辞》郑司农注：'二字已不分矣。'"因此，在汉代"讄"与"诔"其实是可以通用的——或许先秦时并不通用，《文心雕龙》的时代也不通用。据此，说《校官碑》中"生而作诔，下以谀上……反成笑话"，似也失当；倒是它反而恰恰成了《校官碑》在语文习惯、文章体例等方面也多留有"古意"的另一证据。

以上只是从文化史方面所作的一系列推论；当然，欲论《校官碑》书法所呈现的到底是"篆初变隶"的"过渡"特征，还是"隶变楷兴的表现"，最好还是看其书法本身。

《校官碑》中文字写法保留着大量篆意，甚至有的字基本就是篆书写法，这里仅举几例为证：如碑额的"之"字，完全是篆书写法，还有碑文中第一行和第七行的"呼"、第八行的"无"

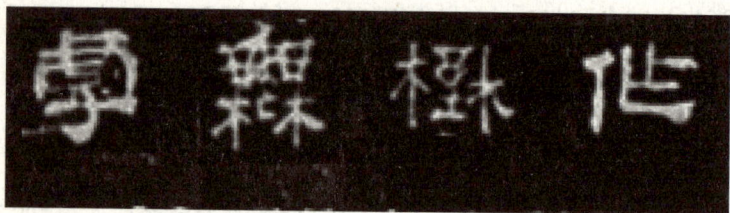

《校官碑》中的"乎""无""树""作"字

和"树"、第十二行的"作"……这些字也基本是篆书写法，在东汉的其他成熟汉隶碑刻中这样的情况基本不见；至于带有篆意用笔的字，那更多，就无需一一例举了，可谓明显事实，只是不知为何丁先生竟看不出来，还说"与篆书毫无关系"？

总之，《校官碑》的造刻时代为汉隶成熟时期的东汉，但是它本身并非"成熟"汉隶，而只是一种"过渡"性书体——篆书向隶书的"过渡"，而不是隶书向楷书的"过渡"。

# 第四章　盘点

　　盘点是一种铭记。记下那些成功的经验，为我们后代准备一份跨越时空的礼物；记下那些感人的人事，为我们的后代收藏一份永久的感动；记下那些工作艰辛，为历史备忘一份真实的参考。

　　盘点是一种整理。校园文化建设虽然不是直接的教育、教学，但同样是整个学校工作的一部分；我们的工作到底做得怎样，我们借此算做一个查漏补缺。

　　盘点是一种感恩。我们感恩先民创造了灿烂的地方文明，我们感恩先贤留下了丰富的文化遗产，我们感恩在校园文化建设中给予支持的文化大师、艺术名家和社会贤达，我们感恩长期以来为学校发展作出贡献的各行各业的有识之士。我们更要感恩这本校本教材中所选用的文章作者，正是他们的研究成果丰富了这本书的内容，他们默默地为我校的教育事业无私地奉献出了自己的才华和智慧。

# 第一节　散点

这里记下的或许都是一些零零散散的片断，它们曾如一粒粒闪光的珍珠散落在我们工作的方方面面和时间的沿途沿岸，在此我们用记忆将它们从时间的河流中打捞起来、收集起来、串联起来，以期永远留住它们。

这里记下的或许都是一些细小寻常的人事，但一滴水可反射太阳的光辉，大智、大爱、大恩、大德有时正可见于这些小事中，更何况教育原本无小事。

散点——"散"开的是一种眼光、一种姿势、一种态度；凝聚的则是一段情、一颗心、一份爱。

雪后的校园

# 请王蒙题匾

## —— 重修插竹亭纪事之一

2007年3月18日，重建插竹亭工程正式破土动工，随着施工的顺利进行，有一项工作，请谁来为重建后的亭子题榜刻匾，被提到议事日程上来了。

据史载，当年插竹亭建成后，为之题榜的是周邦彦。筑亭的俞氏之所以请周氏题写，推其原因大体有三：一是亭子是在周邦彦的倡议下修筑的；二是他时任溧水县令；三是他在朝曾任"太学正"，虽被贬为县令，但实际上是当时的词坛领袖文坛大家。

今天的插竹亭既是重建，当以用原匾为最佳，但周氏当年所题匾额早已失传，得另请一位合适的人来重写。

根据惯例，名胜题榜者多为三类人：一是达官，二是书法家，三是文化名家。

我经过一番考虑，又征求了一些人的意见，几经讨论，决定请第三类人，即请一位文化名家来题写。那么究竟请谁呢？

我想到了王蒙。

之所以想到他，原因有三：一是王蒙为中国当代著名作家，。

二是他的作品有多篇被选进现在的中学语文教材作课文，是中学生非常喜欢和崇拜的当代作家，若能请他为插竹亭题榜，将会对学校全体学生产生一种文化激励作用，也为校园文化增加一项新的内容；三是王蒙曾出任过国家文化部部长，这个职务与当年周邦彦的官职在职能上有相似之处，若能请他为重建的插竹亭题榜，其中也有对文化传统以一种特殊方式的继承意味。

我将我的想法提出后，首先得到了张召中校长的赞同。

然而，如何去请呢？谁去请呢？并不是书法家的他愿意题写吗？这一系列问题摆在了我们面前。

一年前，王蒙曾来南京讲学，讲学之余我曾就当前中学语文教学尤其是写作教学的话题对他作过一次专访，且与他相结识。专访写作过程中曾多次与他通过电话，文章写成发表后，我又寄过一本样刊给他，此后便无联系了。就凭着自己与王蒙的一面之交，我决定试试。

我拨通了王蒙家里的电话，几次都无人接听，于是我有些担心这电话号码是不是作废了。一天上午，我办公桌上的电话突然响了，我一拿起听筒，便听到对方问："您是哪位呵……"呵，我一听便听出了这正是王蒙本人的声音。我赶紧自报家门说："我是江苏教育出版社的，去年这个时候您来南京讲学时我采访过您，并且写过一篇文章，样刊也寄过给您……"还没等我说完，王蒙就说："哦，我想起来了，我知道你是谁了！前两天我们不在家，今天刚回来看到电话上有几个你打的电话记录。找我有什么事吗？"

我赶紧将重建插竹亭的事情和我们的要求开门见山地说了

起来。

听了我简要的讲述后，他说，"听您刚才这么说了一下，事情我是有点知道了，但还没完全清楚，"然后又用商量的语气说，"要不这样，您将这事儿用文字写一下发给我，我看看再说。"随后他告诉了我他的私人电子邮箱地址。

挂了电话，我遵照要求，立即将有关插竹亭的来历，以及重修插竹亭的意义等，写成了一篇文章发了出去。之后大约过了有两星期，我一点回音也没得到，心里不禁又有些不踏实了：是电子邮件没收到，还是他看了以后不愿写？我有点吃不准。于是我又拨通了电话。

这一次，听筒里的嘟声只响了两下，我便听到了对方的说话声，但是是个女声，我猜想可能是王夫人吧。果然是。我自报家门并说了事情后，她告诉我："王老师开会去了，您说的事情我不是很清楚，要不我把他手机号告诉您，您要是着急的话就打他手机问一问吧？"我很高兴，也很感动，感动的并不是她将王蒙的手机号告诉了我，而是我发现，她和王蒙一样一直称呼我"您"而不是"你"。

有了手机号码，我有些犹豫：贸然打过去，影响领导开会很不好；但是不打又有点不安心——他到底愿不愿写，得有个准话，如果他不愿写，我们还得另请别人，或另想办法呵。犹豫再三后，我还是拨通了这个手机号码。一听见对方明显压低着声音在接听，我便以尽量最简洁的语言自报家门，并提出询问，也顾不得对方在听还是不在听。我的话说完了停了下来，这时话筒里只传来一句话："我这会儿在全国人大的会议上，会后我会让我的办公室主任与您联系。"说完便挂了。

至此，我心里虽然仍不踏实，但又不能老作打扰，只能是耐心地等待了。

没想到仅过了一天，也就是第二天下午，我从外面回到办公室，见我办公电话的记录上有一个北京打来的电话号码，心想这会不会是那位"王办主任"打过来的呢？于是我立即拨了过去，然而听到的却是电脑的回话声："这里是中华人民共和国文化部，请拨分机号码，查号请拨零。"我知道这一定是"王办主任"的电话，但我并不知道他办公室的分机号，只好继续等待他再打过来。心里正想着，我的手机响了，一看是北京的区号，我赶紧接听，果然是"王办主任"打来的，他告诉我："您的材料王老师已经看过，他答应为你们写，只是最近很忙，如果你们不急着要，过几天再写可不可以？而且他说他得'练一练'。"我说只要王老师答应写就不着急了，亭子建成还要过段时间哩。

放下电话，我很高兴，立即将这个好消息也告诉了张召中校长，张校长也很高兴，只是他说"你有没问一下主任，王老师写一下我们得付点什么报酬好呵？"我说："没有，对方也没说。不过，我觉得像王蒙这样的文化大师，他既然决定写，就一定会写的，绝不会想到什么报酬的。"不过话虽这么说，但经张校长这么一问，我这时倒有点觉得自己还是应该问一下，这也算是个礼节呵！至此，我又心生起了几分不安。

又过了些日了，随着插竹亭的建设工程有条不紊地进行，这种不安又似乎越来越强烈了。

一天上午，我的手机一阵震动，我一看，是北京的区号，一个熟悉的号码，我赶紧接听，果然是"王办主任"打来的："诸老师吗？您请王老师写的字王老师已经写好了，他要我问一下您的准确地址好给你寄过去……"我一听真是太高兴了，觉得这比我想象得要快，心想不会是用硬笔写的吧（硬笔书法制匾

王蒙先生为插竹亭题匾后询问学校有关情况

效果不太好），不禁问："是毛笔写的吗？""当然，毛笔写在宣纸上的呵，章也盖好了，肯定符合制匾要求的。"这时我倒有点觉得自己这话问得实在有点儿多余，同时想到就让他将这么重要的作品用信件寄过来，显得太不郑重，显得我们太失礼了，我们得借取字之机表达一下谢意呵。于是我自作主张说：

"寄就不劳您了，我将与学校的校长亲自到北京来取……"

放下电话，我把我先斩后奏的这个决定告诉张校长，张校长也说："是的，哪能要他这样寄来呵，真这样的话我们也太失礼了。"于是，我与彭主任再次通话并约好了取字的时间、地点等。

两天后的星期六，我便与张召中校长及甘德清副校长一起，三人披着一路的春光飞赴北京。

一下飞机，我们便如约直奔中华人民共和国文化部，经过武警的一番审查和通报后，我们来到了王蒙办公室，并见到了彭主任。打过招呼后，彭主任将一只印有"中华人民共和国文化部"的大信封交到我的手上，说："这就是王老师为你们写的，共写了三张，每张都是完整的作品，王老师要你们看一看，觉得哪张好一点就用哪一张。"

我们打开信封，果然有三张宣纸，每一张都写着"插竹亭"三个楷书大字，还有落款"王蒙"及其印章。我们自然是一张也没愿留下，全部带走了。

王蒙的墨宝终于取到了，想到在建的插竹亭终于有了一块能与之相配的匾额，我们心里满是说不出的高兴，想到王蒙如此平易近人，在这件事上所表现出的大家风范，我们心生感激，但同时，为没能亲自见到他本人而又有几分遗憾。将要离开文化部大楼时，张校长轻声与我道出了他的遗憾。我很理解他们的心思，于是我向彭主任表达了二位校长的要求。老实说，我在提出这一要求时真没什么把握。不但是我，连彭主任也没有把握，他说："明天他有个外事活动，恐怕很难有空。王老师也没有要我安排见你们的时间！"不过在我们的一再恳请下，他最终还是答应帮我们请示一下，晚上才能给我们回话。

晚上彭主任打来了电话，说："如果你们一定想见，必须要到明天下午四点钟后……明天下午四点钟，你们到文化部来。"

我们赶紧将原来买好的第二天上午的机票改签到了晚上七点半。

第二天下午，彭主任又打来电话说，王老师陪外宾结束了，他现在离家比较近，他就在家里等我们了，并告诉我们地址，要我们立即去他家里。

能走进王蒙的家里，我们自然更为高兴。四点整，我们准时按响了门铃，走进了当代中国著名的文学家王蒙先生的家。

我首先打过招呼，张校长又表示了感谢。王蒙与我们一一握过手后，便招呼我们在客厅的沙发上坐了下来。这时我们都有些拘谨起来，一时不知道说什么好。还是王蒙先问起了我们一路的行程，我们一一问答，不知不觉间我们的拘谨消除了很多；当他再问起插竹亭的有关典故时，张校长已经变得有点滔滔不绝了。最后他又问起了这个亭子的造价、学校的经济状况，以及当地学生及其家长对于教育费用的承受能力等，话语间充满了对下一代的关怀之情。

王蒙坐着的沙发后面正好有一扇窗户，一束夕照从窗外斜照进来，落在大他的身上，它似乎在提醒我们时间已在不知不觉间过去近一小时了，尽管我们如坐春风，不愿这么快就离去，但又不得不离去。

校园的记忆

　　我们起身告辞，他也起身欲送我们，我们请他留步，他让彭主任一定将我们送下楼。

# 楹联小记

## —— 重修插竹亭纪事之二

插竹亭有了王蒙大师的题榜，自然倍加增色，但不能有匾无联呵！

插竹亭为一六角亭，也就是说有六根楹柱，也就是说至少得有两副楹联。那么请什么人来撰、书这两副对联呢？

我们首先想到了恽建新先生。恽先生虽非溧水籍人士，但大学毕业后即分配来溧水工作，直至退休，曾任县文化馆馆长和县文联主席多年，为溧水的文教事业作出了很大的贡献；而且他本人又身怀两技，既是一名作家，又是一名书法家，20世纪八80年代，就有小说集《麦青青》出版，近岁以书法名世，尤以大草为世人所重。因此由恽先生撰、书一联我们以为是很合适的。一旦定下，便由我电请恽先生。恽先生果然欣然应允。不久便撰、书一联：

插竹无心始信凌云含物理；

载花有意应知傲骨顺天然。

恽先生虽然现居南京，但不愧为"老溧水"，对于插竹亭的典故了然于胸。他所撰联语，不仅对仗工稳，而且对亭之典故运用可谓不露痕迹。"插竹无心"与"载花有意"，当年俞氏确是如此。然而就是这无心插下的竹子，竟然与有心栽下的秋菊一道成活生长，且长成了凌云劲竹，这虽然有巧合的因素，但也一定在某种程度上正切合了自然的规律，而翠竹和秋菊凌寒不凋的铮铮傲骨，也是自然赋予它们的一种品质。这里又让我们不禁想到了插竹亭当年的主人俞氏，尤其是俞栗，他曾高中状元，官至兵部尚书，但由于不屑与当朝奸相蔡京为伍，毅然告老还乡、老死乡梓，显示出的铮铮傲骨不正堪比翠竹秋菊吗？这样的联语，再加上恽先生书法清丽俊拔、雅俗共赏，对重建的插竹亭真有一种画龙点睛的作用。

然而另一联请谁撰、书呢？

我想请林非先生撰写联语，请吴振立先生书写。

林先生祖籍溧水，是中国社会科学院文学研究所的博导研究员，现任中国散文学会会长，是一位名符其实的著名学者，如果能让他为插竹亭撰联，自然对故乡的后学有着特殊的激励作用；且林先生更是一位和蔼可亲的长者，他曾为提携我这个年轻的散文作者，欣然为我的散文集作序，并给予极高评价。凭我多年来与林先生的交往，我相信他是可以满足故乡人的这个愿望的。

吴先生是全国著名书法家，曾多次获得全国书法金奖，现为中国书法家协会会员，江苏省文史馆馆员，2005 年被评为江苏十大书法家之一。而且吴先生年轻时曾下放溧水，以知青的身份在溧水生活过十多年，也可谓是半个溧水人。

我首先拨通了林非先生家的电话。林先生听我说完了事情的来龙去脉，话语间抑制不住兴奋之情，直夸我们所做的是"一件好事"，但是他却明确表示不能撰这对联，原因是他几乎一直只从事散文研究和创作，对于属韵文的对联"从不敢轻易涉足"，况且要写在校园之中如此重要的文化建筑之上。然而他主动说可以为我们推荐一撰联高手来为插竹亭撰写此联。林先生为我们推荐的是王充闾先生。

　　王充闾，曾任辽宁省委常委、宣传部长，现为国家一级作家，辽宁省作协名誉主席，兼任天津南开大学、沈阳师范大学中文系教授。出版有散文随笔集《清风白水》《沧桑无语》《淡写流年》《何处是归程》等二十余种，另有"王充闾作品系列"七种，"王充闾文化散文丛书"三种，诗词集《鸿爪春泥》，学术著作《诗性智慧》等。散文集《春宽梦窄》获中国作协首届"鲁迅文学奖"，《一生爱好是天然》获全国首届"冰心散文奖"。散文集《北方乡梦》被译成英文、阿拉伯文。更难能可贵的是，他还兼擅旧体诗和对联创作。用林先生的话来说，在新文人中，他这方面的修养是全国不多见的。

　　林先生告诉了我王先生的电话，并说让他先打电话与王先生说过后我再打电话劳请。这我自然遵命。

　　第二天，当林非先生电告已与王先生联系过后，我便拨通王先生的电话。王先生果然欣然应允，只是他要我将插竹亭的有关文字材料传他一阅，并特地问我有没有碑记之类，我说有当年周邦彦的《插竹亭记》，今天的《重修插竹亭记》是我拙笔。他特别要求将二者一并传他一阅。于是，我便遵命将这些材料一并传了出去。不久，王先生便为我传来一信一联：

荣会先生：你好！……我考虑，对联有两种写法：如果只是一扁一联，是一种写法；而现在是有了您的《重修插竹亭记》（而且表述得很好，文字也很讲究），这样，对联就没有必要再照应当日"插竹"及周、俞诸故事，只从"当下"作文章就可以了。否则，叠床架屋，令人生厌。而若说当下，就必须关照学校。这样，就成了下面的面貌：

佳话记当年亭以竹名留胜迹；
文风开此代校因史显育贤才。

是否得当，请您指教。您是内行，不当处尽可修改；如找他人修改，当须注意平仄、对仗，以免贻笑大方……

王先生的对联果然只从"当下"立意，明白晓畅，尤其获得了学校的老师的认可和喜欢。

将王先生联语交请吴振立先生书写，吴先生欣然命笔，字体为吴先生最为擅长的行书，苍苍茫茫，一气呵成。

如今，这两副从联语到书法风格都差异很大的楹联，就高悬在插竹亭南北四柱上。

# 购石记

打造园林式校园，进行环境文化建设，虽然唱主角的是花草树木，但如果少了石头，那么再美的花儿也会黯然失色，再繁茂的树木也会孤单寂寞。石头是园林建设中不可或缺的材料，它有时是秀水中屹立着的一座小山，让人产生仁者乐山、智者乐水的遐想；有时是草地上的一方石桌，供行者驻足小憩；有时是静静地躺在脚下的一块铺路石，甘愿承受行人的践踏，有时又是刻满文字的石碑，默默叙说着一个个故事……

其实，当年买石的过程，就是一个个有趣的故事。

## 石售有缘人

正对着学校大门的水塘开挖好以后，池塘四周的花儿没了，塘边的老柳树没了，犬牙差互的石岸没了，池塘虽然方方正正，整齐划一，散发着现代的气息，但它出现在有着 80 年历史的校园中，显得那么格格不入，总让人觉得少了什么。在广泛征求意见以后，大家一致认为，应该在方塘的中央安放一座假山石。主意一定，我们一行数人就驱车前往宜兴市丁蜀镇的一家石材市场。这家石材市场的假山石虽然很多，无奈我们寻了一个上午，也没有找到一块中意的。要么是造型太俗，看不上眼，要么是体型太大，没有灵气，要么是石质粗劣，没有品位。当大家都感到十分扫兴的时候，有个热心的石材店老板告诉我们，说离丁蜀镇不远的万石镇也有个石材市场，让我们到那里去看看，也许能找到中意的假山石。

时已过午，因为没有买到假山石，大家都情绪低落，没有食欲。在去万石镇的路边的一家小得不能再小的饭店草草吃了点儿饭，我们一行人就匆匆赶往万石镇的石材市场。好在这个市场就在公路边上，我们没有费什么劲就找到了。整整一个下午的转悠，依然没有收获，转完了最后一家，我们每个人的脸上都显出失望的神色。当我们准备打道回府的时候，这家石材店里一直坐着一位端详我们的年过六旬的老人，端着茶壶朝我们走了过来。他根本不提石头的事情，只是一个劲地请我们到他店里去坐坐、歇个脚、喝口茶。我们已经跑了一天，又累又渴，他的热情让我们喜出望外。在我们喝茶的当口，老人告诉我们，他退休之前是万石镇管文教的乡干部，退休后受乡镇府委托，带头办起了万石镇石材市场，在他的带动下，现在的市场已经初具规模。因为他起步早，承租了好几十亩场地。当年租赁土地时价格很低，如今地价已经涨了好几倍。现在，他把大多数场地转租给别人，自己收租金赚钱，只留了一小块场地自用。他说凭着多年跟老师、学校打交道的经验，一看就看出我们是老师，所以让我们别客气，一分钱的生意也不用做，尽管在他店里喝喝茶、歇歇脚。其间，他询问我们希望买什么石材，诸荣会先生就把我们的想法详细地告诉了他，说完，还遗憾地叹了口气。老人听了以后，停了半晌说："我家院子里有一块石头，本来是准备安放在后院的鱼池中的，听你们说的情况，你们学校水塘的形状、面积跟我家的鱼池差不多，也许那块石头你们会喜欢，如果你们有兴趣，可以去看看。"听了这番话，大家面面相觑，我心里暗想，这个老头太厉害了，表面上是个忠厚长者，没有丝毫的商贾气息，其实是个精明到骨子里的商人，我们在不知不觉中，中了他的圈套。可喝了人家的茶，抽了人家的烟，怎么也不好意思拔腿就溜，明知道老头是想我们买他的石头，也只好硬着头皮跟他跑一趟啦。

好在老人说市场离他家不远，我们姑且去走个过场，然后找个理由开溜得了。

出人意外的是，一走进他家的院子，我们所有人的眼睛都被院墙左侧的一块假山石吸引住了，这块石头的大小、造型、石质都与我们心中构想的相似。大家沉默了好久，眼中都流露出满意的神色，但因为怕老头坐地涨价，所以千方百计地挑它的毛病。这个说，面相虽好，背面开凿的痕迹太明显；那个说长度不够，少了一两米……老头吸着烟，眯着眼一言不发，等我们没有人再说三道四了，他才笑咪咪地说："各位慢走，下次来万石时再来坐坐，我留心帮你们找找，也许能遇上你们喜欢的石头。"老人的这番话让我们感到十分意外，都以为他会竭力推荐他的石头，哪知道他一句也没有夸他的假山有多好，更别说要什么价啦，人家压根就不打算卖啦。

召中校长知道大家心里都认为这座假山石非常适合安放在学校的池塘中，在听到主人下的逐客令后，反而在院子中的石凳上坐了下来，让老人出个价。老人却说："石卖有缘人，你看中我的石头，我们才有谈价钱的必要；你看不上，送给你也是个累赘，还谈什么价钱呢？"

召中校长说："这块石头确实不错，就看价格怎样，你出个价，我们好商量商量。"老人说："十二万 .。"我们几个走到门外，商量了半天，都认为价钱还不算高，就看能不能砍砍价。如果实在不肯让，就狠狠心买下。为了让老人能降点价，召中校长一人走进院子，故意说："石头我们倒是看中了，就是价钱高了，我们再到别的地方去看看，如果没有合适的，我们再来买你的。"老人实在太精明，笑呵呵地说："所有的客人只要看中了我的石头，没有一个走出我的家门的，只要你喜欢，价格都好说，因为我家石材店的场地是自己的，不用出租金，因而我家的石头价格也最低。即使只能赚一分钱，这笔生意我也要做，如果客人走了，我一分钱也赚不到。"话说到这个份上，我们也没有什么好说的了，只是一味地说学校困难，没有那么多钱，希望与教育打了一辈交道的老人能多支持教育，尽可能地少要一点钱。老人思量了好半天，一咬牙说："十万，免费送到你们学校，实际上买石头花了九万，真的没有办法再少了。"这个价格已经出乎我们大家的意料，当时就签订了合同，不久，老人亲自押车，将假山送到了学校。

如今，这块假山石就矗立在源池的中央，谁见了都说它物有所值。

这事已经过去好几年了，老人的谦和精明、宽厚诚信，以及他对教育事业深厚的感情，都让我一直铭记在心，他的名字叫刘铁明。

## 山中觅碑材

插竹亭落成后，拟在大门两侧各立一块石碑，一块刻周邦彦撰写的《插竹亭记》，一块刻《重修插竹亭记》，计划中的碑材高两米三至两米五，宽一米二左右，厚二十至二十五厘米。我们多次外出采购，都一无所获。勉强看中过的一块石料，价格也在三万多，而且只有一块，还要自己运回。亭子修好已经一年了，两块石碑依然没有刻成。正当我们束手无策的时候，我忽然想起多年前在县百货公司做驾驶员的家兄曾说过，去安徽铜陵拖货时，看到路边有很多碑材，价格也十分便宜。于是我便向家兄打听卖碑材的具体地点，得知在安徽繁昌境内。9月19日，召中校长便带着诸荣会先生、邱德伦先生和我等几个人驱车直奔繁昌。车子行至离繁昌县城约有20公里的时候，我们看到路边有一家石材加工场，我们将车停在路边，走进石料加工场一看，真是喜出望外，场地上堆放着大块大块的片石，无论是厚度、宽度，还是高度，都能满足我们刻碑的要求。如果价格能接受，我们这次外出也就不虚此行了。当我们找到石料加工场的工作人员，向他们说了我们所需石碑材料的规格后，希望他们能给估个价，工作人员说，他们不方便跟客户谈价格，谈价格是老板的事。老板是繁昌县的人大代表，那天去县里开人民代表大会了，可能要到傍晚才能回来。我们可等不及了，逼着工作人员给老板打了好几个电话，老板也许在开会，不方便接电话，所以一直不接，我们等了半个多小时，老板终于回电话了，工作人员说了情况，老板说两块碑材大概是一万二左右。会议下午三点钟结束，让我们傍晚再到加工场面谈。听了老板的报价，我们心里都乐开了花，不但可以买到称心如意的石料，价格又如此的便宜，想到即使花一万二买石料，再花个几千块钱运回溧水，也不到两万，这趟出门赚大啦！高兴之余，我们在繁昌县城吃过午饭，稍稍休息以后，就迫不及待地赶往石材加工场。由于时间还早，我们一行人有的在车里睡觉，有的在路边闲聊，有的在堆放石材的场地闲逛。2点半钟的时候，天下起了小雨，就在这时，我看见石材加工场对面的乡村公路上驶来一辆卡车，车上装着满满一车没有加工的片石，正吃力地驶向繁昌方向。我灵机一动，就说，车从南面的山里出来，说明山里有采石场，我们在这里傻等，何不开车往山里去看看，也许能找到采石场，直接到采石场买碑材，也许更便宜。有人觉得我太贪心，好在大家都闲着没事，又加上下着小雨，没有地方呆，还不如坐车去转转。于是，我们就驾车沿着泥泞的小道驶向山里。

　　车行六七里，路边就零零星星地堆着一些加工过的石板、石柱和石墩。又走了几百米，道路左边有个矮小的中年人穿着脏得不能再脏的破衣服，戴着一顶只能露出两只眼睛的套头帽，在工棚中锯一块大石头。我们停下车一看，那块石头有20多厘米厚，3米多高，2米多宽，正被这位师傅从中间一锯为二，我看了大呼可惜。这时，诸荣会也走了过来，看到那么合适的一块石料被锯开了，也感到十分遗憾。那位师傅看到我们一行数人在指指点点，不知道我们是做什么的，就关了电锯，停下手中的活，跟我们打招呼。他说话的声音很低，口音也难辨，呆呆地看着我们，一脸的憨厚相，我们问他，那块被他锯开的石头要是没有锯开之前，可以卖多少钱，他说要卖千把块，我听了大吃一惊，以为是他说错了，又大声地问他到底多少钱。那位师傅好像犯了错的小学生似的，小声说，1000块钱也能卖。我们都听清楚了，一块没有锯开的石头他只要1000块就卖了。我们看着已经锯开的石料，只有惋惜，对他说，如果没有锯开，我们会把它买走的。师傅听了，面露喜色，急忙说："这样的石块我还有，我可以按你们的要求到采石场去开。"我们都表示不太相信，他就要带我们去他的采石场看看。这时，雨已经停了，可道路异常难行。师傅赤着双脚，在前面带路，我们踏着泥泞的山路深一脚浅一脚地跟在后面，十多分钟后，我们到了采石场，展现在眼前的景象让我们惊呆了，我们不得不惊叹大自然的神奇。厚度基本在20厘米左右的片石整整齐齐地叠压着，一层又一层，沿着山脚向上攀升，已经开凿过的地方留下了一个个圆形的石眼。师傅指着片石告诉我们，要开凿出一块完整的石料，先要将石块上层的沙土清理干净，再将上层已经风化了的石料撬开运走，等质地坚硬的石头露面后，从上到下、一层层地开采出来，繁昌开采碑材的采石场开采石料时是不能用炸药炸的，炸药一炸，石头就会支离破碎，那样的石料是卖不出好价钱的，只有人工开采的石料才能保证其完整性，才能加工出规则的条石、碑材等。

采石师傅不厌其烦地向我们介绍着石料开采的艰难，无非就是希望我们能认同他开出的价格。而我们则早已被采石师傅的艰辛所感动，更为他淳朴的品格所折服。

下山后，我们到了采石师傅的家里，我们把要购买的石材要求跟他说了一遍，让他认真地核算一下价格。他趴在桌上算账的时候，我们才有空打量起师傅的家。这是一幢新盖的二层小楼。室内室外都没有粉刷，窗户也没有装，用塑料薄膜蒙着，塑料薄膜上落满了石粉，雨水一淋，泥浆流淌。屋里显得昏暗，只有正对着大门的墙壁上比较亮堂，我仔细地数了一下，总共贴着 12 张奖状，得奖者是师傅的女儿，这个看上去只有十一二岁的小女孩这时也双膝跪在板凳上，趴在桌子上，一双沾满污泥的小脚正对着我们，泥水吧嗒吧嗒地往地上落，她好像是在看父亲算账，似乎怕父亲算错了似的。

过了一会，采石师傅抬起头，很不自信地说，两块碑材按学校的要求切割打磨好，要 3000 元，我们提出让他在 10 天内把碑材送到学校，运输途中碑材损坏，由他负责。问他要多少钱，他说最少要 4300 元。

采石师傅要了这样低廉的价格，我们都不好意思再压他的价了。于是，我就开始写协议书。协议书写好后，采石师傅签上了大名：程晓旺，并且按了手印。召中校长也签了字。然后在留给采石师傅程晓旺的那份协议书上加了这样一句话："国庆前将碑材送到学校，学校奖励人民币 700 元，给热爱学习的小姑娘买双鞋穿穿。"采石师傅看后十分感动，一再保证选最好的碑材，准时送到学校。

十天后，碑材送来了，学校对碑材十分满意，采石师傅兑现了诺言，而召中校长留在协议上的那句话也让人难忘。那多给出的 700 元钱决不是慷学校金钱之慨，那是对善良人的尊重，是对贫困家庭的馈赠，更是对勤奋好学者的鼓励……

# 第二节　触点

"触"动的是一个"点"，润开的是一大片——

总有一片风景，触及它历史的闸门便会轰然打开；

总有一些人事，触动它心灵的琴弦便会悠然颤动；

总有一段情感，触及它灵魂的深处便会豁然开朗……

校官碑亭

185

# 《汉校官碑释文》碑碑文

汉校官碑，宋绍兴十一年溧水尉喻仲远得于固城湖滨，置之官舍，今在孔庙之大门右。长乐陈长方虽尝碑其所得本末，释文则未之见。碑以灵帝光和四年岁在辛酉造，距今凡一千一百五十三年。番阳洪景伯先生出字为之释。谓挈为契，□为黎，卑为俾，壄为野、□为责，□去其刀，贤去其贝，干侯与豻侯通，尚旦谓大公、周公。可谓精审有据，其余不可辨者尚有二十七字。今观首行，自"三百"字以下止"斯"字，凡十有六字，比之洪氏作释文时又皆不可考。且如第三字"之"字之下是"祷"字，祷下阙一字，有"天"字。"敏"之上是"克"字，"众"之下是"儁"字，"退"之下是"慝"字，"役"之上为"复"，"反"之下为"失"，"此"之上为"即"，皆隐隐可见。洪则悉以为阙文。如"既安且宁"，则以为"弓宁"，"梅桧"则以为"桓桧"，岂当时误于墨本而然耶？《溧阳志》至谓"元卓"为"元贞"，是又以名乾而傅会也。禧承乏于兹，暇日与士友曹国杰摩莎久之，得其二三，因以洪先生释文列于上，僭附所见于其下，勒诸乐石，以补前修之所偶未及者。余尚俟博雅君子云。

至顺四年龙在癸酉夏五月文学掾济阴单禧谨识。

金陵施政刻

186

# 《插竹亭记》及译文

　　皇祐三年，俞君于美舍町疃植花，以断筱扶立之。既而花燨筱茂，掘之得根苞焉。移植先垄，又移于外圃，皆活。后数年，大者悉中榱桷。凡根株惟竹难迁，迁必以良日，并置故土，随所向背，傍设倚据，以防倾萎，犹或不生。而俞氏之筱初离燔燎，斩取其半，侨刺土中，决无可生之理，遂能滋植，盖亦异矣！俞氏世宦，巨室望也，长田其远族，中山其近属，独君美好礼而寿，有子孙耽学能世其家，其世祀殆未乏也。《诗》不云乎，如竹苞矣，如松茂矣。物之坚久晚茂，能阅众朽，莫过如此。而竹能无根而苞，其祥又可知矣。绍圣三年，作插竹亭，余为题其榜，又记其异，冀勉其子孙焉。

## ［译文］

　　宋仁宗皇祐三年，俞君在华美住宅的旁边空地里栽花，用斩断的小竹扶着让花站立。不久，花开得美丽而鲜艳，小竹也呈现出茁壮态势。将小竹挖出，发现它根须丛生。将它移栽到原先的垄上，再移栽到外面的园地，全部活了。几年后，大的竹子都适合做椽子了。大凡根桩之类，只有竹子最难移栽。若移栽，一定要在吉日，并要放些老土，向阳背阴，虽顺原样，旁边插些木条之类扶持，以防倾倒枯萎。虽是这样，还是有的不能成活，可是，俞氏的小竹，才从火中移开，又斩断取半截，移往别处扦插土中，必定没有可能成活的道理，结果竟然生长、繁殖，真是奇异呀！俞氏世代做官，富家豪门，是一个很有名望的家族。长田是他宗族中远支的居地，中山是他宗族中近支的居地。近支中只有俞君才德美好，崇尚礼道，享着高寿，儿孙好学入迷，定能继承家世，俞氏世代祭祀一事，应当是不会废止的。《诗经》中不是说过："像绿竹一般茁壮，像青松一般茂盛。"植物中，质地坚硬，成活期长，繁茂滞后，却能阅尽众多树木枯朽而自身不凋零的，没有什么能超过松竹了。竹能无根而生长茂盛，俞氏的吉祥就更可以知晓了。绍圣三年，俞氏建插竹亭，我为他写了亭上的匾额，又作文记述那奇异之事，希望借此勉励他的儿孙啊！

# 《重修插竹亭记》及译文

分龙岗，溧之吉地也。

岗之端原有插竹亭。筑之者，时溧水望族俞氏也；倡之者，溧水令、大晟词人周邦彦也；倡之由，俞氏插竹扶花，"无根而苞"者也。

当其时也，俞氏亭就，周氏题榜赐记，一时蔚为佳话。十年既过，俞府栗公，高中状元，人贵亭显。俞公为官，清正廉洁，为邑名贤，流芳千古；周氏之记，文质兼美，开风一代，流传至今。惜插竹之亭，沧海桑田，湮没无迹。

今岗之端，绿树红瓦，高檐层楼，书声琅琅，溧水县第一初级中学也。丙戌之秋，张君召中，来长此校，有恢复胜迹之志，具弘扬文化之心。几度倡议，多方筹资，择址校园，重修此亭。亭既成，嘱予作文以记之。

予观是亭，尽得巧妙二字。原亭之肇，插竹成活，志异垂史，今之重修，盛世重教，兴废倡学，其巧连古今者也；校园西南，背倚岗岭，下临秦淮，原炎帝之庙在焉，然年久失修，坍圮殆尽，今于此筑亭，得地势之妙；亭依岗耸立，上下二层，上显下藏，显者可供游人凭栏，藏者亦利学子雅集，如此设计，匠心别具，得形制之妙。惟巧惟妙，深得人心：大师王蒙，亲笔赐匾，王公充闾，欣撰联语；吴公振立、恽公建新，亲赐翰墨；邱公德仑，作亭之故事之连环图画……当为其巧得人和者也。

插竹留传奇，筑亭续佳话；勖勉众后学，成才兴中华。

丁亥仲秋邑人诸荣会记并书于金陵

## [译文]

分龙岗，是溧水的吉祥之地。

山岗的西南边原来就有插竹亭。筑亭的人，是当时溧水的名门望族俞氏；倡议建这亭子的，是当时的溧水县令、大晟词人周邦彦；倡议的缘由，是因为俞氏插竹栽花，没有根却能生长得很茂盛。

当时，俞家的亭子刚建成，周邦彦为亭题名并作记，一时间传为佳话。十年后，俞栗高中状元，因人显贵，亭也跟着出名。俞栗为官，清正廉洁，成为地方名贤，因而流芳千古。周邦彦的《插竹亭记》，文质兼美，开一代之文风，其文流传至今。遗憾的是，当年的插竹亭，经历岁月的沧海桑田巨变，已在历史的尘埃中湮没无迹。

如今分龙岗的西南边，红色的瓦房被绿树掩映，丛丛高楼林立，琅琅的读书声不绝于耳，原来这里是溧水县第一初级中学坐落之地。丙戌年（2006）的秋天，张召中先生来此任校长，产生了恢复古代名胜、弘扬传统文化的意念，经过几度倡议，多方筹集资金，后在校园内选址，重新修建了插竹亭。亭子建成后，嘱托我写一篇文章记下这件事。

我看插竹亭建筑特色，可用"巧妙"二字概括。当年建这座亭子的缘起，是因为插无根之竹而成活，因而依托建亭记下这件奇异之事并使之流传后世。如今重新修建插竹亭，是因为遇盛世而重教育，很多荒废的事业兴办起来，特别是教育事业受到了空前的重视。重修此亭的用意，是为了彰显古今溧水人民对教育的重视是一脉相承的。校园的西南面，背倚岗峦峻岭，下临秦淮河，原来的炎帝庙就建造在这儿，然而炎帝庙年久失修，庙基坍塌殆尽。如今在这儿重建插竹亭，占尽了地理优势，亭子依傍山岗高高耸立，上下两层，上层显扬，下层藏掖。显扬之处，可供游人凭栏赏景，藏掖的部分可供本校学生会盟集社。如此设计，可谓别具匠心、充分发挥了天造地设的优势。"巧妙"二字，匠心独运，文学大师王蒙先生亲笔题写匾额。王充闾先生，欣然撰写楹联；吴振立先生、恽建新先生，留下了墨宝；邱德仑先生，为插竹亭的古今掌故作连环画……插竹亭的修建，可谓占尽了地利之巧，又赢得了人和之势。

当年的插竹亭，留下了千古传奇；重修插竹亭，延续了世代佳话。今之所为，其目的只有一个，就是为劝勉后学，使溧水莘莘学子学有所成，为振兴中华造就人材。

丁亥年仲秋，本县人诸荣会作记并书写于金陵。

# 附录一

## 插竹亭匾额书写者王蒙简介

　　王蒙，男，河北南皮人，祖籍河北沧州，1934 年 10 月 15 日生于北京。中国当代作家、学者，著有长篇小说《青春万岁》《活动变人形》及其他中短篇小说近百部，其作品反映了中国人民在前进道路上的坎坷历程。他乐观向上、激情充沛，成为当代文坛上创作最为丰硕、始终保持创作活力的作家之一；曾担任文化部部长、党组书记，中国作协副主席；2010 年 11 月 15 日，荣登"2010 第五届中国作家富豪榜"。他是中共第十二届、十三届中央委员，第八、九、十届全国政协常委。

重建的插竹亭的匾额由王蒙先生题写

# 插竹亭撰联者王充闾简介

王充闾，笔名汪聪，辽宁盘山人。

当过中学教师、新闻记者，之后在省、市领导机关工作。长期坚持业余创作，曾以汪匆、林牧、柳荫、任之初等笔名，在文学期刊和报纸副刊上发表过大量各种类型的散文和一些旧体诗词，1983 年被吸收为中国作家协会会员。曾任中共营口市委副书记，营口市文联主席、辽宁省委宣传部长、辽宁省人大常委会副主任等职务。

国家一级作家，中国作家协会主席团委员，辽宁省作家协会主席，兼任辽宁大学、辽宁师范大学、沈阳师范学院中文系教授。出版有《清风白水》《当代散文大系·王充闾散文随笔选集》《沧浪之水》《何处是归程》。《淡写流年》《一生爱好是天然》《碗花糕》等十几种散文随笔集和诗词集《鸿爪春泥》等。散文集《春宽梦窄》先后获"东北文学奖"一等奖、中国作家协会首届鲁迅文学奖；《柳荫絮语》《沧桑无语》分别获辽宁省第一届、第二届文学创作"丰收杯"一等奖和特等奖；《面对历史的苍茫》获辽宁省"辽河杯"散文奖一等奖。

散文《长岛诗踪》《情满菊花岛》分别获1991年"五彩城"全国散文大赛一等奖、1993年《人民日报》"中国匹克"杯精短散文征文一等奖。


# 附

## 插竹亭轶事

### 王充闾

南京文友诸荣会先生来信说，江苏省溧水县第一初级中学在校园内恢复重建了九百多年前宋代的古迹"插竹亭"。著名作家王蒙先生应邀书写了"插竹亭"匾额；根据著名学者、散文家林非先生推介，请我为这处名胜古迹撰写一副对联。

江苏是我的旧游之地，无论是苏南、苏北，许多县我都去过，大都市更不必说了；但溧水尽管离南京不过百余里，却未曾涉足。过去读清代文学大家、《随园诗话》作者袁枚的传记，记得他曾在溧水当过县令。虽然为时很短，却是官声、民望卓著。他的父亲从广西来到溧水县，担心儿子年轻，不谙吏事，便隐匿姓名，到民众中私下进行了解、访察。听到的反映都是：这个年少的袁知县，可是个好官呀！一位女子甚至说："吾县袁知县政若神明。"父亲听了，大喜过望，遂安下心来，入住县衙官舍。传记里说，一些文人更是踵事增华，常常以袁枚断讼、判案故事附会为小说。

若是再往前追溯一下，北宋末期词学大家、被王国维先生推尊为"词中老杜"的周邦彦，也在这里当过县令。任职三四年间，留下了一些脍炙人口的诗文。其中最有名的是那首《满庭芳·夏日溧水无想山作》，有如下的名句："年年，如社燕，飘流瀚海，来寄修椽"，"憔悴江南倦客，不堪听，急管繁弦"。

说来凑巧，溧水县这所中学所修复的古迹"插竹亭"，就恰恰与周邦彦有直接关系。宋哲宗元祐八年，周邦彦到溧水做县令。旧时代官员初到任上，循例都要拜访当地一些名门巨室、耆旧乡绅。这天，他就来到分龙岗，看望俞氏望族。听主人介绍，四十二年前，先祖插竹枝以护花，结果，竹枝成活，长得十分茂盛。当地都视为奇迹。周邦彦听了，认为这是吉祥之兆，建议主人修亭以为纪念。三年后，亭子建成，周邦彦写了《插竹亭记》一文，对俞氏家族寄托了厚望。果然，十年过后，俞家后人俞栗便中了状元。从此，插竹亭也就成了当地一处胜迹。但是，后来便渐就倾圮了。

去年，遗址所在地——溧水县第一初级中学，为加强校园文化建设，激励后学追慕前贤往哲之积极进取，在校园西南角重建了插竹亭，立碑纪胜。本校的校友、编辑家诸荣会先生撰写了《碑记》，备述恢复古迹插竹亭的颠末。在此基础上，我又题写了一副对联：

佳话记当年亭以竹名留胜迹
文风开此代校因史显育贤才

# 插竹亭联语书写者吴振立简介

吴振立，1944年生于重庆。江苏省文史研究馆馆员，国家一级美术师，中国沧浪书社执事，江苏省书法艺术研究会副会长，中国书法家协会会员。书法作品曾十余次入选文化部、中国书法家协会举办的国家级展览，并在第四届全国展及第二、三、七届全国中青年展中获奖。参加编写《六体书法字典》《中国书法名作鉴赏辞典》。作品收入《中国现代美术全集·书法卷》等权威图书。参加录制被列为"九五"国家音像出版重点项目的《当代书法家五十人五体创作实录》及《五体书法临摹示范》教学光盘。应邀为国家级文献型图书《中国国家图书馆藏善本碑帖精华》之《礼器碑》《争座位帖》题跋。作品被中南海、香港艺术馆、北京大学、南京大学、江苏省人大常委会、苏州大学、山东省图书馆、浙江省博物馆、宁波美术馆、良渚文化博物院等多家单位收藏。

# 插竹亭联撰书者恽建新简介

恽建新，笔名寒村，斋号鼎庐。1945年生，江苏武进人，毕业于江苏师范学院，大学学历，副研究馆员。习书从李北海、颜真卿入手，下沿宋苏轼、米芾及明清王铎、傅山、祝允明、王宠、董其昌、何绍基、赵之谦诸家，又反溯怀素、张旭、二王，亦涉猎汉魏碑刻，对近代谢无量、林散之等亦颇心仪，逐渐融会贯通，形成自家面貌，作品风格清新畅达、峻拔瑰丽、华美犷放。擅长隶书、行草书，对大草尤有心得。作品曾选送至日本、韩国及台湾地区展出，并被多家博物馆收藏，担任过全国五十书家《五体书法临摹示范VCD》傅山草书作品示范拍摄。现为中国书法家协会会员，江苏省国画院、南京博物院、南京书画院特聘书法家，中国沧浪书社社员。

# 插竹亭、体育景墙绘画者邱德仑简介

邱德仑，男，生于 1942 年，溧水籍著名书画家。邱德仑先生退休前一直担任地方文化官员，挖掘并培养了许多在国内外具有重大影响力的文化人才，退休后旅居美国，为传播中国传统文化理念与精神作出了切实的贡献。目前仍担任江苏南京溧水美术家协会名誉主席，南京人物画研究会理事，江苏省溧水新移民留学生眷属联谊会秘书长。

邱德仑为人低调，潜心书画数十年，其书画作品清新秀逸，气韵流畅，造诣深厚，受到业内广泛好评，其作品的收藏价值与审美价值尤为巨大。

邱德仑的书画作品多次荣获各类奖项并为国内外多家重要机构及世界 500 强企业重金收藏，其文学作品也拥有众多高端读者，在海外华人圈具有广泛影响。代表作有：绘画专著《邱德仑画集》，连环画《打开石墙门》（江苏美术出版社），宣传画《警钟长鸣常备不懈》(上海文艺出版社) 及书刊插图多种。

# 《插竹亭记》书碑者张玉海简介

张玉海，1967 年出生，江苏溧水人，本校校友。中国书法家协会会员，江苏省美学学会理事，江苏省国画院特聘书法家，中国工艺美术学会木雕艺术专业委员会副秘书长，《中华木雕》杂志执行主编，南京市书法家协会创作委员会委员。其书法作品曾入选"中国书坛新人作品展""全国中青年书法篆刻家作品展"等重大书展，并在各地各级报刊发表大量散文、时评和言论等。

# 《重修插竹亭记》碑撰书者诸荣会简介

诸荣会，男，1964年1月生，江苏溧水人，知名散文作家，本校校友。现为中国作家协会会员、南京市作家协会理事、江苏省书法家协会会员、江苏教育出版社副编审。曾在《人民日报》《文汇报》《钟山》《散文》《美文》《天涯》《人民文学》等发表散文数百万字，大量作品被《文汇读书周报》《读者》《名作欣赏》《散文选刊》《散文海外版》等报刊转载，并入选《中国散文60年》《中国年度最佳散文》《中国年度最佳随笔》《中国年度最佳文史精品》《高中语文教科书·写作》等多种选本。已出版散文集《风景旧曾谙》《生怕情多》《江南味道》等17部，长篇人物传记《叶名琛传》1部；曾获第四届"紫金山文学奖"、第八届"金陵文学奖"、首届"孙犁文学奖"优秀散文奖、第四届在场主义散文奖、第六届冰心散文奖，以及《人民日报》《散文选刊》《人民文学》等报刊征文奖数十次。

# "秋湖文学社"题名者峻青简介

峻青,原名孙俊卿,生于1922年,山东海阳县人,当代作家,中共党员。幼年家贫,只读了几年小学,十三岁即做童工。抗日战争爆发后,在地方抗日民主政府从事教育和群众工作。1941年参加革命工作,1946年加入中国共产党。历任胶东《大众报》记者,新华社前线分社随军记者,昌维地区武工队小队长,《中原日报》编辑组长,中南人民广播电台编委兼宣传科长,中国作家协会上海分会副主席、代理党组书记,《文学报》主编。上海市炎黄文化研究会副会长,炎黄书画院院长,中国作家协会第二、三、四届理事。40年代开始发表作品。

1941年写出第一部作品《风雪之夜》,后做记者和编辑工作。新中国成立后担任文艺界领导工作。主要著作有短篇小说集《黎明的河边》《海燕》《最后的报告》和散文集《欧行书简》《秋

"秋湖文学社"的社牌由著名作家峻青先生题写

色赋》等。他的作品大都具有坚实的生活基础和革命浪漫主义精神，结构严谨，情节曲折，故事动人，人物形象鲜明，文笔清新而流利。1955年峻青加入中国作家协会。短篇小说《血衣》获1946年胶东文协二等奖，《黎明的河边》获上海蜂花杯奖，七绝《回归诗》获1997年香港回归诗词大奖赛荣誉奖。"文革"中受到严重迫害。粉碎"四人帮"后重新写作。1981年发起创办《文学报》并主持该报工作。后任上海作协副主席，继续在创作。几年前又推出近400万字的《峻青文集》（六卷）。峻青还是中国硬笔书协的名誉顾问，深受同仁爱戴。

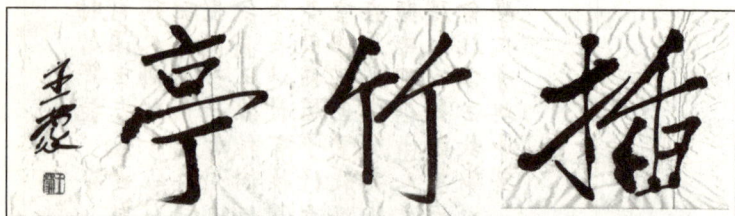

王蒙题"插竹亭"匾额墨迹

张玉海书周邦彦《插竹亭记》

重修插竹亭記

分龍崗溧之吉地也。崗之端原有插竹亭，筑之者，溧水學族俞氏也。倡之者，宋溧水令大晟詞人周邦彥也。倡立由俞氏插竹扶花，無根而苞者也。當其時也，俞氏亭就榜賜記，一時蔚為佳話。十年既過，俞府粟公高中狀元，人貴亭顯。俞公為官清正廉潔，為邑名賢，流芳千古。周氏之記，文質兼美，開風一代，流傳至今。惜插竹亭滄海桑田，湮沒無迹。今崗之端，綠瓦高檐，層樓書聲琅琅，溧水縣第一初級中學也。而戊戌之秋，張君昌中來長此校，有恢復勝迹之志。具孫楊文化之心，裁度倡議，多方籌資，成活志異，垂史。此亭既成，屬予作文以記之。觀是亭，盡得地勢之妙。亭依崗嶺，下臨秦淮，原炎帝之廟在焉。然年久失修，圮址殆盡。今於此筑亭，得山西隅，背亭倚筒二字，原亭之肇插竹園重修。今之重修，盛世重教，興廢學，其巧連古今者也。校園西隅背異校園重修之妙，亭依崗嶺立上下二層，上下藏顯者可供遊人憑欄，藏者亦利學子雅集。如此設計，匠心別具，得形製之妙，惟巧惟妙，深得人心。大師王蒙親筆賜區，王公尤閒為撰聯語，憚公建新，吳公振立，欣賜翰墨，邱公德俞作亭之故事之連環圖畫，當為其巧得人和者也。插竹留傳奇，筑亭續佳話，勤勉象後學成才興中華。

丁亥仲秋邑人諸榮會記並書於金陵

插竹无心始信凌云含物理

栽花有意应知傲骨临天姿

丁亥年秋日

窜邰撰并书

插竹无心始信凌云含物理
栽花有意应知傲骨临天姿

佳话记当手亭以纪名留胜迹

文风开此代按图史题言贤才

王充闾撰联

丁亥秋月吴振立书

# 校官亭碑

摩崖重见主斜晖

庚寅秋荣会书

藩满不缘沉野水

清姚崇文诗句

诸荣会书校官碑亭楹联

207

# 后　记

　　2008 年春，学校着手校园文化环境建设；2009 年秋，各项设施已经按预定的计划完成，学校也由此被南京市园林局、南京市教育局评定为第一批园林式学校。

　　现在的校园，四季有花，四面有景。一走进校园，映入眼帘的是古亭、石道、喷泉、假山，还有花草树木装点其间，它们共同构成了靓丽的校园景点。一幅幅令人心旷神怡的画面，展现了溧水区第一初级中学优美的育人环境。为了使生活、学习在这样一座美丽的校园中的师生在欣赏这些美景的同时，能更好地读懂其人文内涵，学校几年来一直都在筹划着要编一本对校园景观进行解读的校本教材。2014 年初，学校正式启动了这项工作，有关人员分工合作，查找整理了大量的资料，并约请相关人员专门撰写文稿，在此基础上，反复推敲这本教材的体例、结构等，经过大半年的努力，终于编成此书。

　　本书分四章，第一章"原点"，主要内容是对学校的历史沿革、环境特点的总体介绍。其意在于告诉读者，原点是原有和现有的特点，是出发的起点，是成功的支点。第二章"景点"，具体介绍分处学校东、南、西、北的四大景点，即用景观来诠释育人的四大目标：德、智、体、美。校官碑以"德"为主题；插竹亭以"智"成范本；体育公园，则是力与健的结合；源池，"美"不胜收。德、智、体、美相互交融，山、水、花、木相得益彰。第三章"重点"，是对景点相关的历史、传说、价值、疑点以及深厚的文化内涵的深入阐发。在本章中，有的文章具有很强的故事性，可增强本书的趣味性、可读性；有的文章文字深奥，内容生僻，学生现在或许很难读得懂，但在编写时依然收录。收录的目的是一方面可保证教材内容的多样性、完整性、科学性；另一方面，可激发学生探求未知世界的兴趣，也许十四五岁时的他们在翻翻看看的过程中播下了探索求解的种子，四五十岁时的他们中就有人对插竹亭有新的发现，对校官碑有新的考证。第四章"盘点"，简单介绍了在校园文化建设中给予学校大力支持的文化大师、艺术名家和社会贤达的情况，他们为我校的教育事业无私地奉献出了自己的才华和智慧。

本书在编写的过程中选用和参考了大量资料，由于教材体例的关系，无法在文后一一署名，只一并以"供稿"者集中署名；另外，除署名供稿者外，还有少量内容我们一时难以核实和注明作者，敬请有关人士谅解；在此谨向所有为该书提供文字、资料和图片者，一并致以衷心感谢！

本书成书全程中，区教育局领导多次关心指导，李善保校长精心策划、全面统筹，校友诸荣会先生精心设计、数易其稿，在此也一并致以感谢！本书成书后，本校多位教师进行了认真校对，在此也致谢意。最后还要感谢江苏大学出版社及时出版本书。

由于水平有限，时间仓促，书中错漏一定不少，敬请专家、老师、学生家长和同学们批评指正。

张健

2014 年 9 月 30 日